contents

표지이야기

털실로 오밀조밀 짠 숫자, 무엇이든 완벽하게 잴 수 있는 줄자가 눈에 띄는 이곳은…, "어서 오세요, 달비의 꼼꼼 수선실입니다!" 늘리고 줄여 손님의 마음에 쏙 드는 옷을 만들어 준다는 마법 같은 수선실! 본책 10쪽에서 방문해 보세요.

10

늘리고 줄이고! 달비의 꼼꼼 수선실

44

옴니스 거리 나눔 장터로!

숫자로 보는 뉴스

06 멋진 활약 기대해!
댕댕 소방관 5마리 출동~

수학 개념 완전정복!

- **04** 수학 교과 단원맵
- **08** 어수티콘
  합, 차
- **18** 수콤달콤 연구소
  모으고 가르다 보면 더하고 빼기가 쉬워져요!
- **22** 꿀꺽! 생활 속 수학 한 입
  수리수리 더하기~ 마방진이 되어라, 얍!
- **48** 수학 궁금증 해결! 출동, 슈퍼M
  온도와 체감온도는 어떻게 다른가요?
- **76** 똥손 수학체험실
  모으면 10이 되는 환상의 짝꿍 게임!
- **80** 옥톡과 달냥의 우주탐험대
  매리너 2호와 금성
- **82** 수학 플레이리스트

진짜 재밌는 수학만화

- **26** 인공지능 로봇 마이보2
  사람들이 위험해!
- **36** 헬로 매스 지옥 선수촌
  안경선배의 꼬부라진 빗자루
- **52** 수리국 신한지의 비밀
  알쏭달쏭 임금님의 선물
- **58** 놀러와! 도토리 슈퍼
  민구, 사장 되다!
- **68** 요리왕 구단지
  비장의 요리를 찾아서
- **84** 우당탕탕 수학 과몰입러
  수학 기자의 자존심을 걸고

수학 교과 단원맵

3호 수와 연산 덧셈과 뺄셈 ❶

이번 호 <어린이수학동아>가 초등 수학 교과의 어느 단원과 연결되는지 확인해 보세요. 어수동을 재밌게 읽는 동안 수학의 기초가 튼튼해져요!

	1학년 1학기	1학년 2학기	2학년 1학기	2학년 2학기	3학년 1학기	3학년 2학기	4학년 1학기	4학년 2학기	5학년 1학기	5학년 2학기	6학년 1학기	6학년 2학기
수와 연산	9까지의 수; 덧셈과 뺄셈; 50까지의 수	100까지의 수; 덧셈과 뺄셈 ❶; 덧셈과 뺄셈 ❷; 덧셈과 뺄셈 ❸	세 자리 수; 덧셈과 뺄셈; 곱셈	네 자리 수; 곱셈구구	덧셈과 뺄셈; 나눗셈; 곱셈; 분수와 소수	곱셈; 나눗셈; 분수	큰 수; 곱셈과 나눗셈	분수의 덧셈과 뺄셈; 소수의 덧셈과 뺄셈	자연수의 혼합 계산; 약수와 배수; 약분과 통분; 분수의 덧셈과 뺄셈	분수의 곱셈; 소수의 곱셈	분수의 나눗셈; 소수의 나눗셈	분수의 나눗셈; 소수의 나눗셈
규칙성			규칙 찾기				규칙 찾기		규칙과 대응		비와 비율; 여러 가지 그래프	비례식과 비례배분
도형	여러 가지 모양	여러 가지 모양	여러 가지 도형		평면도형; 평면도형의 이동	원	각도	삼각형; 사각형; 다각형	다각형의 둘레와 넓이	합동과 대칭; 직육면체	각기둥과 각뿔; 직육면체의 부피와 겉넓이	공간과 입체; 원의 넓이; 원기둥, 원뿔, 구
측정	비교하기	시계 보기와 규칙 찾기	길이 재기	길이 재기; 시각과 시간	길이와 시간	들이와 무게			수의 범위와 어림하기			
자료와 가능성			분류하기	표와 그래프		자료의 정리	막대그래프	꺾은선 그래프		평균과 가능성		

교과서랑 같이 봐요!

함께 생각해 봐요!

합, 차

1-1 덧셈과 뺄셈
- 이야기해 볼까요
- 더하기는 어떻게 나타낼까요
- 빼기는 어떻게 나타낼까요
- 덧셈식과 뺄셈식을 만들어 볼까요

08p

- ☑ 우리 주변에서 더하거나 빼는 상황에는 어떤 것들이 있나요?
- ☑ 더하거나 빼는 상황을 '더한다', '뺀다' 외에 다른 말로 어떻게 표현할 수 있을까요?
- ☑ 더하거나 빼는 상황을 그림으로 그려서 나타내 보세요. 그림만 보고 가족이나 친구가 덧셈, 뺄셈을 할 수 있는지 퀴즈를 내 봐요.
- ☑ 덧셈식, 뺄셈식으로도 나타내 봐요.

늘리고 줄이고! 달비의 꼼꼼 수선실

1-1 덧셈과 뺄셈
- 모으기와 가르기를 해 볼까요
- 덧셈을 해 볼까요
- 뺄셈을 해 볼까요

1-2 덧셈과 뺄셈 ❷
- 세 수의 덧셈과 뺄셈은 어떻게 할까요
- 10에서 빼 볼까요

2-1 덧셈과 뺄셈
- □의 값을 어떻게 구할 수 있을까요

10p

- ☑ 더하기는 +로, 빼기는 −로 나타내는 이유는 뭘까요? 언제부터 +, − 기호를 사용했을까요?
- ☑ 모두 합쳐서 몇 개인지 구하거나, 처음보다 늘어난 개수 또는 줄어든 개수를 알고 싶을 때, 하나씩 세어보는 방법과 덧셈식·뺄셈식으로 계산하는 방법을 각각 사용해 보세요.
- ☑ 0을 100번 더한 값은 뭘까요? 또, 0에서 0을 1000번 뺀 값은 뭘까요? 그렇게 생각하는 이유는 뭔가요?

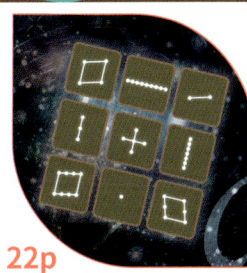

수리수리 더하기~ 마방진이 되어라, 얍!

1-1 덧셈과 뺄셈
- 모으기와 가르기를 해 볼까요
- 덧셈 놀이를 해요

1-2 덧셈과 뺄셈 ❷
- 세 수의 덧셈을 어떻게 할까요
- 세 수를 더해 볼까요

22p

- ☑ 모두 더했을 때 6이 되는 세 수 찾기, 모두 더했을 때 18이 되는 네 수 찾기 등 여러 가지 덧셈 놀이를 해 봐요.
- ☑ 세 수를 더하거나 네 수를 더할 때, 더하는 순서를 바꾸면 어떻게 되나요?
- ☑ 6-3+1처럼 덧셈과 뺄셈이 함께 있는 계산을 해 봐요. 앞에서부터 순서대로 계산한 값과, 덧셈을 먼저 한 후 뺄셈을 한 값은 어떻게 다른가요?

온도와 체감온도는 어떻게 다른가요?

1-1 덧셈과 뺄셈
- 이야기해 볼까요

1-2 덧셈과 뺄셈 ❶
- 그림을 보고 덧셈을 해 볼까요
- 그림을 보고 뺄셈을 해 볼까요

48p

- ☑ 일기예보를 보고 오늘의 최고기온과 최저기온의 차를 구해 보세요.
- ☑ 온도를 숫자로 나타내는 이유는 뭘까요?
- ☑ 온도계 눈금이 0보다 밑으로 내려가는 '영하' 온도는 숫자로 어떻게 나타낼까요?
- ☑ 따뜻하거나 차가운 정도가 똑같더라도 섭씨온도와 화씨온도가 서로 다른 이유를 생각해 봐요.

숫자로 보는 뉴스

글 박건희 기자(wissen@donga.com) **디자인** 오진희 **사진** 중앙119구조본부 119구조견교육대, GIB

댕댕 소방관 5마리 출동~

멋진 활약 기대해!

이번에 119구조견으로 임명된 개들은 저먼 셰퍼드, 벨지안 말리노이즈 종이에요. 모두 똑똑하고 날쌔기로 유명하지요.

119구조견들이 훈련 도중 멋진 포즈를 취하고 있어요. 아주 늠름하지요?

사람이 가기 힘든 위험한 곳에서도 생명을 구하는 개가 있어요. 바로 119구조견이에요. 2022년 12월, 훈련을 마친 5마리의 개가 119구조견으로 임명됐어요. 그전까지 우리나라에서 활동해 온 119구조견은 총 34마리였는데, 그중 4마리가 활동을 마친 후 은퇴했고 5마리가 새로 임명돼 총 35마리가 됐지요.

119구조견은 '특수목적견'이에요. 특수목적견은 어떤 목적을 위해 특별하게 훈련을 마친 개라는 뜻이지요. 각종 재난*현장에서 활동하는 119구조견, 앞이 안 보이는 사람을 돕는 시각장애인 안내견, 냄새

용어 설명 **재난*** 우리의 몸이나 재산에 피해를 줄 수 있는 사건을 말해요. 태풍, 홍수처럼 자연현상으로 발생한 재해, 화재, 교통사고, 붕괴 사고 등이 모두 재난이에요.

도움 119구조견교육대 전준영 소방위, 현광섭 훈련관 #덧셈 #뺄셈 #119 #구조견

전국의 119구조견 수 (마리)

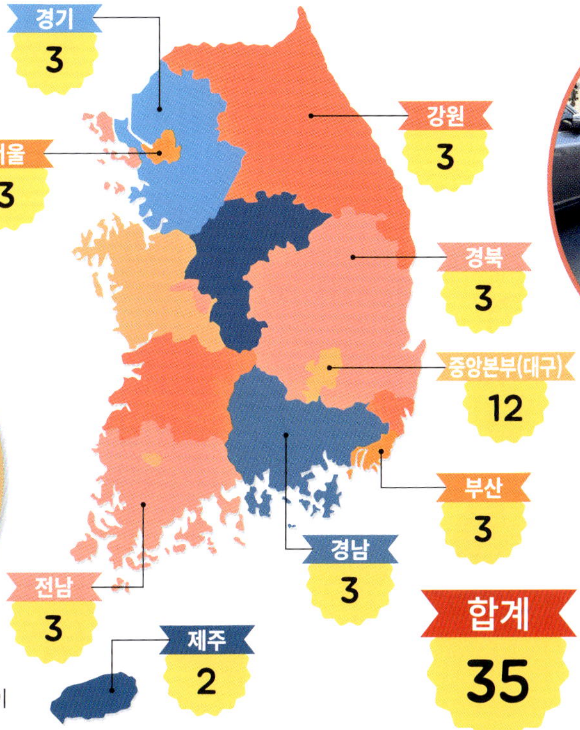

- 경기 3
- 서울 3
- 강원 3
- 경북 3
- 중앙본부(대구) 12
- 부산 3
- 전남 3
- 제주 2
- 경남 3
- 합계 35

마치 실제 현장처럼 열심히! 수색 훈련이 한창인 119구조견의 모습이에요.

멋진 소방관이 될 거야!

로 범인의 흔적을 쫓는 경찰견 등이 대표적인 특수목적견이에요.

이번에 임명된 '댕댕 소방관'들은 1살 때부터 2년간 훈련을 받았어요. 갈라진 땅이나 울퉁불퉁한 길을 무사히 지날 수 있도록 장애물 뛰어넘기 훈련을 하고, 목줄 없이도 소방관의 명령에 따라 잘 움직일 수 있도록 복종 훈련을 받았지요. 또 현장에서 사람을 찾으면 짖어서 위치를 알리는 수색 훈련까지도 성공적으로 마쳐야 구조견이 될 수 있어요.

119구조견은 최근 1년 동안 총 861회 출동했고, 59명의 생명을 구조했어요. 119구조견교육대에서 구조견을 가르치는 현광섭 훈련관은 "구조견들은 위험한 곳에서 생명을 구하기 위해 수많은 훈련을 거쳐요."라며 "소방관이 되기 위해 앞으로도 열심히 훈련할 거예요"라고 밝혔어요.

우린 위험한 곳에서 구조대가 미처 발견하지 못한 사람을 찾아내요.

어수티콘 사전
어린이 수학 이모티콘 사전

합, 차

"합! 차! 합! 차!" 수달이 열심히 태권도를 배우고 있어요.
주먹을 날리며 '합', 송판을 쪼개며 '차'!
후후, 곧 주먹 더하기, 송판 가르기의 달인이 될지도 몰라요~!

글 조현영 기자(4everyoung@donga.com) **일러스트** 밤곰
#수학용어 #수학개념 #이모티콘 #합 #차

'합'친 것과 '차'이점을 구하자!

어수동: 기합 소리가 재밌어요. 합! 차!

하하, 사실 '합'과 '차'에는 다른 뜻도 있어요. 합은 여러 수를 더했을 때 결과가 되는 값을 가리키는 한자 말이에요. 모든 수를 합친 것의 결과이지요. 차는 수에서 수를 뺐을 때 남은 값을 이르는 말로, 두 수 사이의 차이를 헤아린 결과예요. '2와 3의 합은 5'를 덧셈식으로 나타내면 '2+3=5'가 되고, '7과 2의 차는 5'를 뺄셈식으로 쓰면 '7-2=5'가 돼요.

$$2 + 3 = 5$$
덧셈   합

$$7 - 2 = 5$$
뺄셈   차

어수동: 아하! 합은 더하는 거고, 차는 빼는 거군요?

맞아요! 만약 나에게 귤이 3개 있고, 친구에게는 귤이 2개 있다고 생각해 봐요. 내가 가진 귤 3개와 친구가 가진 귤 2개를 '합'하면 귤은 모두 5개예요. 귤 3개에 귤 2개를 '더하면' 귤 5개가 되는 것과 같지요. 또, 내가 가진 귤은 3개이고 친구가 가진 귤은 2개여서 1개만큼의 '차이'가 있어요. 만약 바구니에 귤이 모두 5개 있는데 그중 친구의 귤 2개를 '덜어내면' 남은 귤은 3개가 되지요.

독자들의 어수티콘과 이행시를 소개합니다!

합 합~치시오! 플러스!
차 차~버리시오! 마이너스!

이서림(nanakhanum19)

"이거 '합차(합쳐)'야 하는데?"라고 말하고 있는 원다람쥐와 삼각형 코알라입니다!

이다은(jsc1114)

나만의 수학 용어 이모티콘과 3행시를 만들어 주세요!

늘리고 줄이고! 달비의 꼼꼼 수선실

"나의 수선실에 온 걸 환영해!"

옷 만들기를 좋아하는 족제비 '달비'가 수선실을 열기로 했어요. 먼저 수선에 필요한 물건을 잔뜩 주문했지요. 엇, 택배가 도착했네요! 달비는 바늘, 옷감, 옷걸이, 장식품을 가게 안으로 들여왔어요. 물건들을 정리해 볼까요?

글 어린이수학동아
디자인 김은지 일러스트 이지희
#수_모으기 #수_가르기 #덧셈 #뺄셈 #세_수의_덧셈

진주핀 4개와 바늘 2개를 모아 하나의 바늘꽂이에 정리하려 해요. 바늘꽂이에 꽂힌 핀은 모두 몇 개가 될까요? 4개와 2개를 모으니 6개예요. 이렇게 여러 수를 모아서 합한 값을 하나의 수로 나타내는 걸 '수 모으기'라고 해요.

4 2
 6

3 7
 10

무늬가 없는 옷감 뭉치 3개, 무늬가 있는 옷감 뭉치 7개를 한 상자에 모으면 모두 10개예요.

여기다!

옷걸이 7개가 걸려 있어요. 옷걸이를 색깔에 따라 나누려고 해요. 파란색 옷걸이 4개, 노란색 옷걸이 3개로 나눌 수 있지요. 이렇게 하나의 수를 둘 이상의 수로 나누는 것을 '수 가르기'라고 해요.

서랍 안에 장식품 10개가 들어있어요. 모양에 따라 나누면 술 모양 6개, 별 모양 4개예요.

달비의 수선실에 찾아온 첫 번째 손님은 목이 긴 기린이었어요. 단추가 한 개도 달리지 않은 셔츠에 발목이 훤히 드러나는 청바지를 입고 왔지요. 기린이 말했어요.
"이 셔츠와 청바지를 수선하고 싶어요. 셔츠의 단추가 전부 떨어져 버렸지 뭐예요. 키가 훌쩍 자라면서 제가 가장 좋아하는 청바지의 길이도 짧아졌어요."
달비가 말했어요.
"셔츠에 달 단추를 먼저 가져오죠."
단추 상자에는 검은색 단추 8개, 흰색 단추 5개가 있었어요. 기린은 검은색과 흰색 단추를 모두 달고 싶다고 말했지요. 셔츠에 달릴 단추는 모두 몇 개일까요?

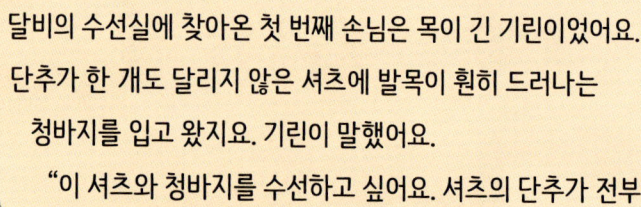

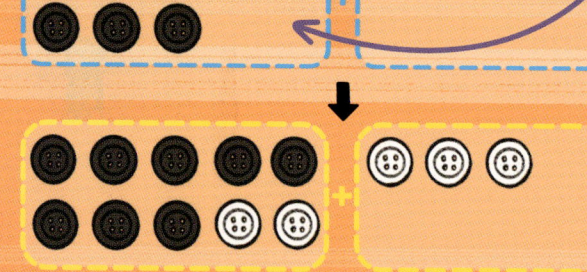

8 + 5 = 10 + 3 = 13
    2　3

기린의 셔츠에는 **13개**의 단추가 달릴 거예요.

기린이 신나는 발걸음으로 수선실을 나선 후, 두 번째 손님이 창문으로 날아 들어왔어요. 커다란 망토를 두른 부엉이였지요.
"부엉이 마을에서 1년에 한 번 열리는 밤 축제에 갈 거예요. 모두의 눈에 띌 정도로 화려한 망토를 만들어주세요!"
달비는 커다란 보석함을 꺼내왔어요.
"여기 있는 세 가지 보석을 모두 달면 번쩍번쩍 눈부신 망토가 될 거예요."
부엉이가 물었어요.
"그럼 제 망토에 총 몇 개의 보석을 달게 되나요?"

9 + 7 + 3 = 19
16

세 수를 더할 때 앞에서부터 순서대로 계산해도 되지만, 더하는 순서가 바뀌어도 상관없어요. 계산 순서와 관계 없이 결괏값은 같답니다. 9+7+3을 계산할 때 9와 7을 먼저 더해도 되지만, 7과 3을 먼저 더하면 10이 만들어져서 계산이 쉬워져요.

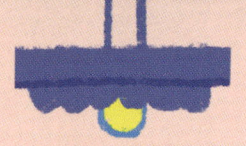 

부엉이가 떠나고 얼마 안 있어, 두 토끼 손님이 손을 잡고 나란히 수선실에 들어왔어요. 둘 다 체리 장식이 달린 스웨터를 입고 있었지요.

"저희가 우정템*으로 체리 장식 스웨터를 함께 샀는데, 뭔가 달라 보여요."

달비는 두 토끼가 입은 스웨터를 번갈아 봤어요. 같은 옷을 구입했다면 체리 장식의 수도 같아야 할 텐데 흰 토끼가 입은 스웨터의 장식 수가 더 많아 보였지요. 흰 토끼의 옷에는 9개의 체리 장식이 붙어 있었고, 검은 토끼의 옷엔 7개의 장식이 있었어요.

달비는 체리 장식을 하나씩 짝지어보고, 남는 장식의 개수를 세었어요.

용어 설명

우정템* 친구와의 우정을 나타내기 위해 함께 구매하는, 비슷하거나 똑같은 상품을 뜻하는 신조어예요.

9 − 7 = 2

18 - 4 = 14

"똑같은 옷이 되려면 체리 장식 2개가 더 필요하군요. 마침 빨간색 털실이 있어서 제가 직접 만들 수 있겠어요!"
달비는 선반에서 빨간색 털실 뭉치 4개를 꺼냈어요. 체리 알 1개를 만드는 데 털실 뭉치 2개가 쓰이거든요. 달비는 뜨개질로 체리 알을 만들면서 생각했어요.
'선반에 빨간색 털실이 18개 있었는데 지금 4개를 꺼냈으니까…, 남은 털실은 몇 개지?'
18개의 털실은 10개짜리 한 묶음과 낱개 8개로 생각할 수 있어요. 달비가 낱개 4개를 꺼냈으므로 8에서 4를 빼면 4가 되지요. 10개 한 묶음과 낱개 4개를 합쳐 14개가 남네요!

완성한 체리 장식 2개를 검은 토끼의 스웨터에 달았더니 두 옷이 완전히 똑같아졌어요. 토끼 손님들은 드디어 우정템이 완성됐다며 좋아했지요. 세 번째 손님이 수선실을 떠나자, 해가 지고 주변이 어두워졌어요. 수선실이 문 닫을 시간이네요. 내일은 또 어떤 손님이 찾아올까요?

모으고 가르다 보면
더하고 빼기가 쉬워져요!

많은 학생들이 덧셈과 뺄셈을 할 때 받아올림, 받아내림을 어려워해요. 받아올림, 받아내림을 잘하는 비법은 '수 모으고 가르기' 활동이에요! 어떻게 하면 좋을지 지금 바로 알려줄게요.

글 유대현 서울유현초등학교 교사 디자인 오진희 일러스트 GIB
#모으기_가르기 #받아올림 #받아내림 #덧셈 #뺄셈

많은 친구가 왼쪽 뺄셈이 더 쉽다고 생각할 거예요. 오른쪽 뺄셈은 받아내림을 해야 하기 때문이에요. 하지만 원리를 이해하면 받아올림과 받아내림도 어렵지 않답니다. 수 모으기와 가르기에서 출발하면 돼요.

예를 들어볼까요? 7은 '1과 6', '2와 5', '3과 4'로 가르기를 할 수 있어요. 이것이 익숙해지면, 3과 4를 더하면 7이 되고, 7에서 3을 빼면 4가 되는 것을 일일이 세지 않고도 쉽게 알 수 있어요.

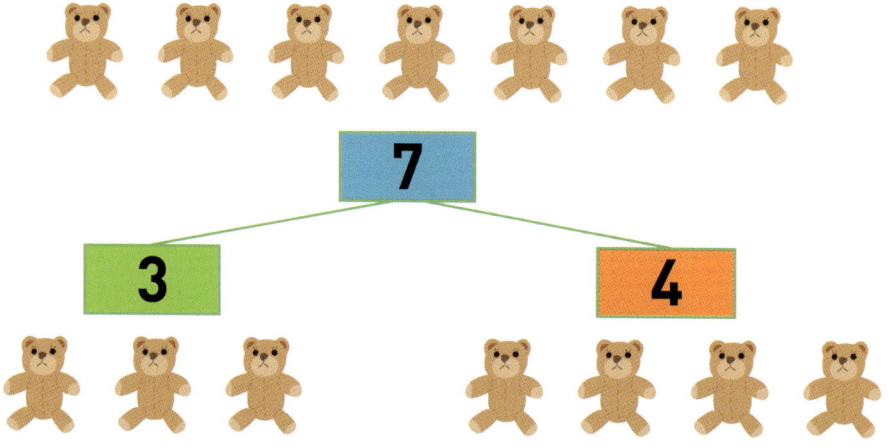

이번에는 10을 가지고 모으기와 가르기를 해봐요. '2와 8', '3과 7', '4와 6'을 모으기 하면 10이 돼요. 이것만 잘 생각하면 받아올림과 받아내림도 금방 할 수 있을 거예요.

다양한 방법으로 수를 모으고 갈라요!

이번에는 조금 더 큰 수를 가지고 모으기와 가르기를 해볼까요? 예를 들어 '53-26'을 한다면 아래와 같이 다양한 방법을 생각해 볼 수 있답니다. 53을 40과 13으로 가르거나 40과 10, 3으로 가르고, 이를 '다시 묶음 짓기'를 할 수 있어요.

이처럼 수를 다양한 방법으로 모으고 가를 수 있다면, 한 가지 방법이 아닌 다양한 방법으로 덧셈과 뺄셈을 할 수 있어요.

생활 속 수 모으고 가르기

여러분에게 10권씩 묶은 공책이 5묶음, 낱권으로 3권이 있다고 생각해봐요. 만약 친구에게 26권을 주기로 했다면 어떻게 주는 것이 편할까요? 여러 가지 방법이 있지만, 저라면 낱개로 3권을 준 다음 10권짜리 한 묶음을 풀어서 3권을 더 주고, 10권짜리 두 묶음을 줄 것 같아요. 이처럼 수 모으기와 가르기를 하다 보면 덧셈과 뺄셈이 쉬워진답니다.

> 공책 26권을 3권, 3권, 20권으로 나눠서 줬어.

내가 갖고 있는 공책	친구가 갖고 있는 공책
53권	0권
50권	3권
50권	3권
47권	6권
27권	26권

모으고 가르고 탐구하기

달걀 포장하기 달걀을 10개씩 포장하려고 해요. 아침에 닭장을 확인하니 닭이 흰색 달걀 6개와 노란색 달걀 7개를 낳았어요. 달걀 포장은 몇 상자 할 수 있고, 남는 달걀은 몇 개일까요?

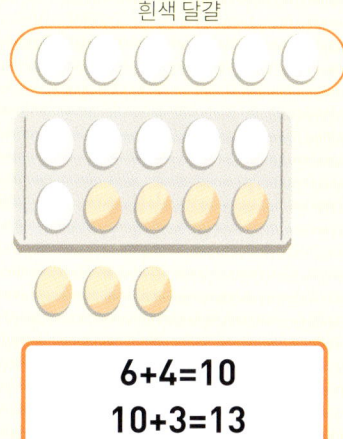
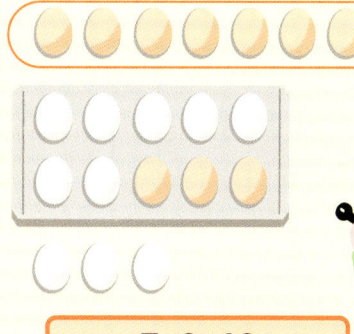

달걀 1상자를 포장하고 3개가 남았어.

6+4=10
10+3=13

7+3=10
10+3=13

수수깡 보관하기 미술 시간에 사용하고 남은 수수깡을 10개씩 묶어서 보관하려고 해요. 내가 쓰고 남은 수수깡은 27개이고, 짝꿍이 쓰고 남은 수수깡은 18개예요. 어떻게 묶을 수 있을까요?

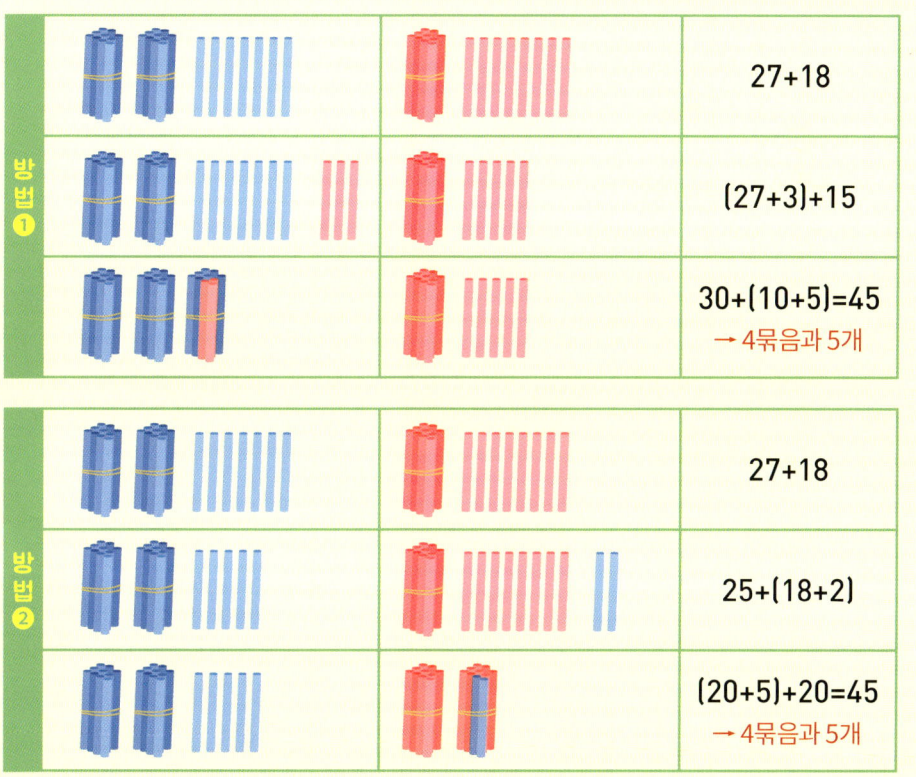

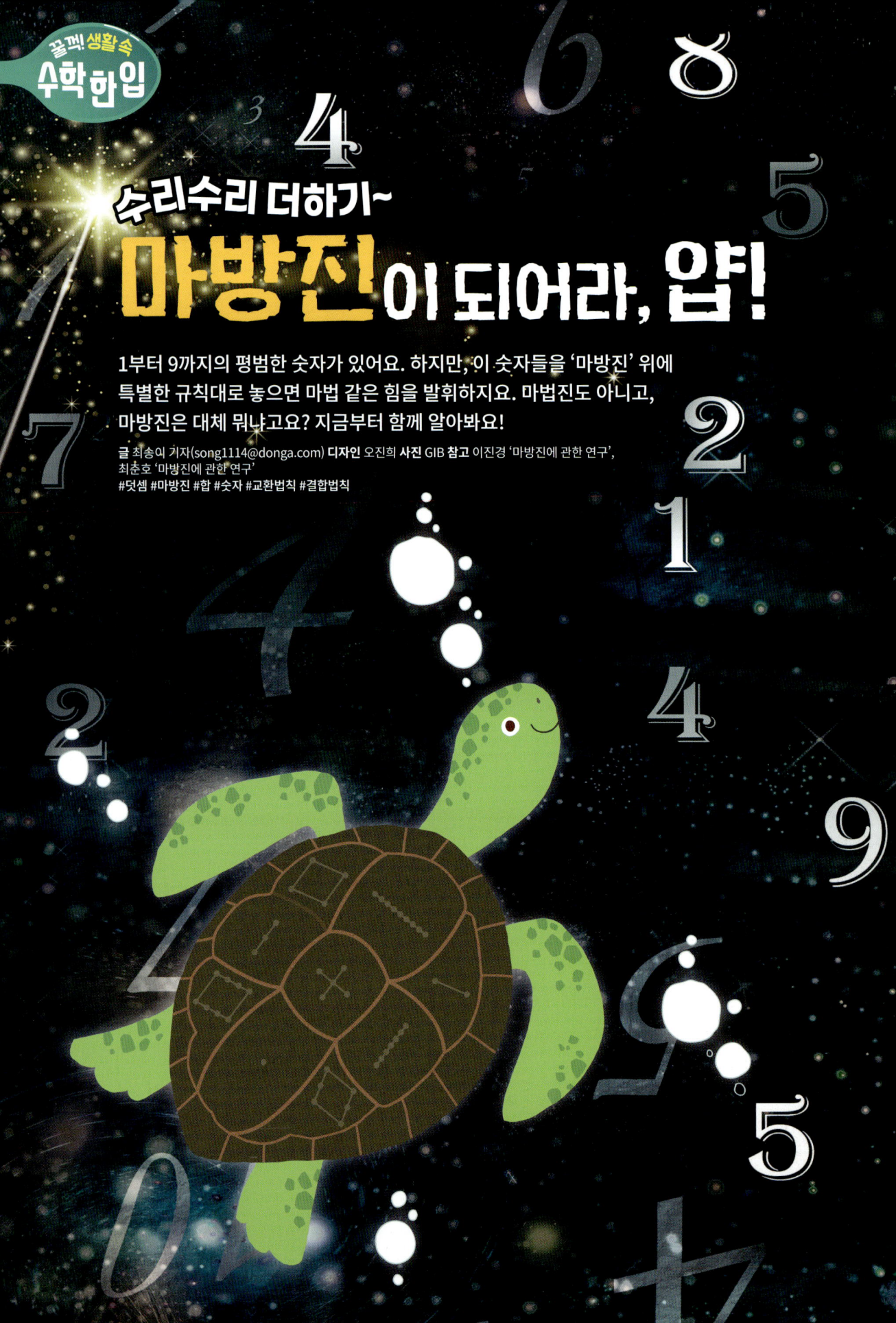

꿀꺽! 생활 속 수학 한입

수리수리 더하기~
마방진이 되어라, 얍!

1부터 9까지의 평범한 숫자가 있어요. 하지만, 이 숫자들을 '마방진' 위에 특별한 규칙대로 놓으면 마법 같은 힘을 발휘하지요. 마법진도 아니고, 마방진은 대체 뭐냐고요? 지금부터 함께 알아봐요!

글 최송이 기자(song1114@donga.com) 디자인 오진희 사진 GIB 참고 이진경 '마방진에 관한 연구', 최춘호 '마방진에 관한 연구'
#덧셈 #마방진 #합 #숫자 #교환법칙 #결합법칙

'마방진'에서 '마'는 마법을, '방'은 사각형을, '진'은 줄을 지어 선다는 것을 의미해요. 즉, 마방진은 '마법처럼 사각형 모양으로 줄을 선다'는 의미이지요. 영어로는 '마법의 정사각형'이라는 뜻의 'Magic Square'라고 해요. 사각형 모양으로 줄을 선 숫자들을 가로, 세로, 대각선 방향으로 각각 더했을 때 마법처럼 모두 똑같은 값이 나오기 때문에 붙은 이름이에요.

　마방진의 시작은 지금으로부터 약 4000년 전으로 거슬러 올라가요. 당시 중국의 황하강은 아무리 둑을 쌓아 올려도 자주 흘러넘치곤 했어요. 중국 사람들은 인간의 힘으로는 막을 수 없는 하늘의 힘 때문이라고 믿었지요. 그런데, 홍수를 막기 위해 공사를 하던 중 강 한복판에서 커다란 거북 한 마리가 나타났어요. 거북의 등에는 신비한 무늬가 새겨져 있었지요.

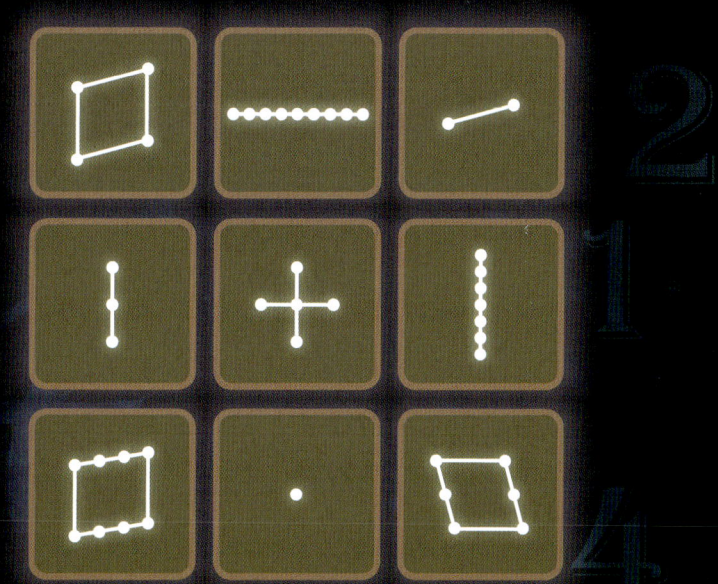

　사람들은 하늘이 거북에게 시켜서 인간 세계에 도움이 되는 무늬를 보내준 거라고 생각했어요. 그리고는 그 무늬를 분석했지요. 거북의 등에는 1부터 9까지의 수를 나타내는 점들이 가로, 세로 3줄로 배열되어 있었고, 가로, 세로, 대각선 어떤 방향으로 더하든 세 수의 합은 15가 됐어요. 이것이 바로 오늘날의 마방진이에요. 사람들은 마방진에 놓인 수를 귀하게 여겼답니다.

마법의 마방진을 푸는 주문

마방진은 한 줄에 몇 개의 수가 있는지에 따라서 다르게 불리기도 해요. 가로와 세로가 각각 3칸으로 이뤄진 마방진은 '3방진', 가로와 세로가 4칸이면 '4방진'이라고 부르지요. 그중 가장 기본이 되는 마방진은 1부터 9까지의 수가 반복되지 않게 배열된 3방진이에요.

　3방진을 만드는 마법의 비밀은 자연수의 합에 있어요. 1부터 9까지의 합은 1+2+3+4+5+6+7+8+9를 앞에서부터 차례로 계산해 구할 수도 있지만, 둘이 만나 10을 이루는 수끼리 짝을 지어 구할 수도 있거든요.

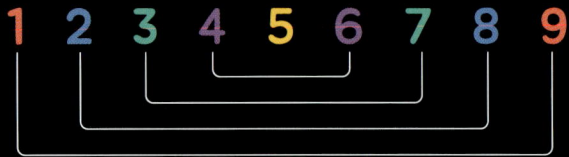

　1과 9, 2와 8, 3과 7, 4와 6을 짝지어 각각 더하면 모두 10이 되지요. 이렇게 짝지은 4쌍의 수를 모두 더하면 10+10+10+10의 값, 즉 40이에요. 여기에 짝이 없이 혼자 남은 5를 더하면 45가 돼요. 1부터 9까지 순서대로 더하는 것보다 간단하게 값을 구할 수 있지요.

　3방진을 완성할 때도 수를 짝지으면 돼요. 1과 9, 2와 8, 3과 7, 4와 6은 합이 모두 10이고, 여기에 혼자 남은 5를 각각의 쌍에 넣으면 합이 15로 모두 같아져요. 즉 (1, 5, 9) (2, 5, 8) (3, 5, 7) (4, 5, 6)을 마방진의 가로, 세로, 대각선 줄에 배치하는 거예요. 4개의 줄이 모두 지나는 가운데 칸에 5를 놓으면 돼요. 그래서 3방진의 정가운데에는 항상 숫자 5가 들어간답니다.

마방진, 쉽게 만들어져라 얍!

지금부터는 마방진을 더 쉽게 만드는 마법 같은 주문을 알려줄게요.
그림을 따라 마방진을 만들어 보세요.

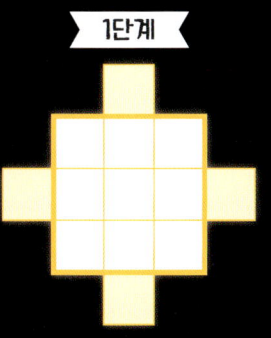

1단계
마방진의 위, 아래, 양옆에 보조 칸을 1개씩 만들어요.

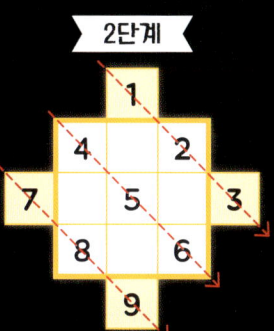

2단계
왼쪽 위에서 오른쪽 아래로 내려가는 대각선 방향의 줄이 3개가 생겼어요. 여기에 1부터 9까지 수를 차례로 써 넣어요.

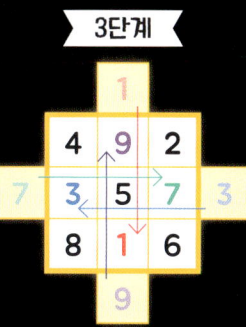

3단계
보조 칸에 적은 수를 가로 또는 세로 방향으로 반대편에 있는 빈자리로 옮겨요. 1을 8과 6의 사이로, 9는 4와 2의 사이로 보내는 식이에요.

완성!

4	9	2
3	5	7
8	1	6

꿀팁!
숫자 5를 고정한 채, 나머지 숫자를 회전하거나 대칭★으로 이동하면 또 다른 3방진을 만들 수 있어요. 숫자의 배열이 서로 다른 3방진은 8종류랍니다.

4방진

3방진을 완성했다면, 조금 더 어려운 4방진도 만들어 볼까요?
4방진은 1부터 16까지의 수로 이뤄져 있어요. 각 줄의 합은 34이지요.

1단계

1	2	3	4
5	6	7	8
9	10	11	12
13	14	15	16

왼쪽에서 오른쪽으로 윗줄부터 차례대로 1부터 16까지의 숫자를 적어요.

2단계

1			4
	6	7	
	10	11	
13			16

대각선에 놓이는 숫자만 남기고 나머지 칸은 모두 지워요.

3단계

1	15	14	4
12	6	7	9
8	10	11	5
13	3	2	16

지운 숫자를 맨 아랫줄 오른쪽에서 왼쪽 방향으로 순서대로 채워 넣으면 4방진 완성!

용어 설명

대칭★ 기준이 되는 점이나 선, 면을 사이에 두고 같은 거리에서 마주 보고 있는 것을 말해요.

내가 만든 마방진을 '플레이콘'의 놀이터-어린이수학동아 게시판에 자랑해 주세요.

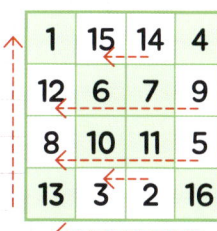

원자력 발전소★ 화석연료 대신 우라늄이라는 원소를 연료로 사용해 만들어진 열에너지로 전기를 생산하는 발전소를 말해요.

인공지능, 나쁘게 사용하면 안 돼!

몇몇 사람들은 인공지능을 나쁘게 이용하기도 해요. 최근에는 미국의 일부 학생들이 인공지능 '챗봇'을 이용해 숙제를 똑같이 베껴서 논란이 됐어요. 챗봇은 인터넷에 있는 여러 글을 분석하고 학습해서, 실제로 대화하듯이 사람과 메시지를 주고받을 수 있는 인공지능이에요. 전문가들은 "챗봇의 답변을 그대로 받아적기만 한다면 학생들은 생각을 정리하고 글을 쓰는 능력을 기를 수 없을 것"이라고 걱정했어요.

마이보+요미+로봇=마요봇! 출동해볼까?

그림마다 한 개씩 숨어있는 숫자도 찾아봐!

? cm

4cm

1cm

2cm

물건을 담을 상자를 늘려라!

"1학년 수업 때 썼던 책은 버려도 되겠지?"
"작아져서 안 입는 옷도 팔면 좋겠다!"
나와 솔이는 상자 두 개에 옷과 책을 나눠 담았어. 그런데 상자 안에 책이 다 안 들어가는 거야! 마법으로 상자를 늘리는 수밖에 없지. 상자의 가로를 얼마나 더 늘려야 할까?

책 세 권이 모두 들어가려면 상자의 가로는 몇 cm 더 길어져야 할까?

13+6=20

14-7=4   49-14=5

38+5=33

11+18=29

나눔 장터는 어디에?

옴니스 거리를 세 번이나 돌았는데 나눔 장터는 보이지 않았어. 그때, 물건이 가득 든 보따리를 들고 골목으로 들어가는 마법사들이 보였어. 우리는 그들을 쫓아갔지. 근데 마법사들이 온데간데없이 사라진 거야! 골목 끝은 돌담으로 막혀 있었는데, 돌에는 계산식이 쓰여 있었어.

옳은 계산식이 적힌 돌을 건드리면 나눔 장터로 들어가는 문이 생긴다. 계산식을 풀어라!

문이 열리고 나눔 장터가 눈앞에 펼쳐졌어. 몇몇 마법사들은 이미 자리를 잡아 물건을 팔고 있었어. 우리도 얼른 물건을 진열해야지! 상자에 담아온 물건을 책상 위에 펼쳐두니 제법 그럴듯해 보였어. 가격표를 붙이려는데, 앗! 준비한 가격표를 집에 두고 왔나 봐. 이런…. 가격을 다시 정해야겠다!

마법 세계의 돈의 단위는 '아우룸'이야. 어릴 때 몇 번 신었지만 작아져서 더는 찾지 않는 신발은 7아우룸, 예뻐서 샀는데 색이 안 어울려서 한 번 입고 말았던 망토는 15아우룸, 1학년 수업에서 썼던 교재는 9아우룸, 마법의 역사를 다룬 아주 두꺼운 책은 20아우룸, 지난 호 어린이 잡지는 3아우룸으로 매겼어. 물건들을 유심히 들여다보며 잠깐 추억에 잠겼는데 솔이가 말을 건넸어.

"책은 2권 사면 1권 더 주는 이벤트를 하면 어때?"

"좋아! 2+1이라고 써야겠다."

마법 지팡이를 부드럽게 두 번 휘두르니 멋진 장식의 가격표가 만들어졌어. 물건들에 가격표를 다 붙이고 손님이 오기를 기다렸지. 그런데 1시간이 넘도록 손님이 한 명도 안 오는 거야.

"흠, 다른 곳은 어떤지 좀 둘러보고 와야겠어."

부스는 솔이에게 맡기고 나눔 장터를 살펴보려는데, 누군가 말을 걸었어.

"저기요, 이 책은 얼마인가요?"

루스의 부스에 찾아온 첫 번째 손님?!

온도와 체감온도는 어떻게 다른가요?

에~취! 덜덜덜. 이번 겨울은 정말 춥네요. 뉴스를 보니 오늘 최저 기온*이 섭씨 영하* 15°C라고 해요. 그런데, 체감온도는 영하 20°C로 최저 기온보다도 더 낮다고 하더라고요. 섭씨는 무엇이고, °C는 또 무엇인가요? 온도와 체감온도는 어떻게 다른 건가요? 슈퍼M이 알려주세요!

글 장경아 객원기자 진행 최송이 기자(song1114@donga.com) 디자인 김은지 일러스트 김태형 사진 GIB
#슈퍼M #생활수학 #덧셈 #뺄셈 #기온 #체감온도

용어 설명

최저 기온* 어떤 기간 동안 가장 낮은 기온을 말해요.
영하* 섭씨 0도보다 낮은 온도를 말해요. 숫자 앞에 '−'기호를 붙여서 나타내지요. −뒤의 숫자가 클수록 더 춥다는 것을 의미해요.

온도에도 단위가 있다!

섭씨가 무엇인지 궁금하다고요? 출동, 슈퍼M! 먼저 온도와 기온이 무엇인지부터 알아봐요.

온도는 차갑고 뜨거운 정도를 숫자로 나타낸 것을 말해요. 대기★의 온도를 '기온'이라고 하지요. 우리나라에서 기온을 나타낼 때 주로 사용하는 단위는 '섭씨온도'예요. 섭씨온도는 1742년 스웨덴의 과학자 셀시우스가 만들었어요. 물이 얼기 시작하는 온도를 0, 물이 끓기 시작하는 온도를 100으로 정하고, 그 사이를 100칸으로 똑같이 나눈 뒤 한 칸을 1°C라고 정했지요. °C는 섭씨온도의 단위로, 셀시우스 이름에 있는 알파벳 C를 따왔어요. 읽을 때는 '섭씨 20도'와 같이 읽어요. 우리나라에서는 섭씨온도만 사용하므로 기온을 얘기할 때 섭씨라는 말을 빼기도 해요.

용어 설명

대기★ 지구 주위를 둘러싸고 있는 기체(공기)를 말해요.

20°C (섭씨 20도)

약 30cm 거리에서 온도계의 눈금을 눈의 높이와 맞춘 뒤 눈금 옆의 숫자를 읽어요.

미국을 포함한 몇몇 나라에서는 기온을 나타낼 때 '화씨온도'를 써요. 화씨온도는 얼음이 녹는 때를 32로, 물이 끓는 때를 212로 정하고, 그 사이를 180칸으로 똑같이 나눠서 만들었어요. 화씨온도를 처음 만든 독일의 물리학자 파렌하이트의 이름에 들어간 알파벳 F를 따서 °F로 나타내지요. 화씨 122°F와 같이 쓰고, 읽을 때는 '화씨 122도'로 읽는답니다.

앗, 추워! 체감온도 확인하려면?

"오늘 아침 기온은 영하 10℃이지만, 바람이 불어 체감온도는 더 낮습니다."
날씨 정보에서 이런 말을 한 번쯤은 들어봤지요? 기온과 체감온도의 차이점을 슈퍼M이 알려줄게요.

체감온도란 '우리 몸이 느끼는 온도'라는 뜻이에요. 같은 기온이라도 바람이나 습도★, 햇빛의 세기에 따라 더위나 추위를 느끼는 정도가 달라지지요. 예를 들어 같은 영하 10℃이더라도, 바람이 많이 부는 날에는 더 춥게 느껴져서 체감온도가 더 낮은 거예요.

기온은 온도계로 측정해요. 반면 체감온도는 사람의 몸이 느끼는 정도를 숫자로 나타낸 것이기 때문에 온도계로 재지 않고 계산을 통해 구해요. 처음으로 체감온도를 계산한 건 1939년 남극으로 떠난 미국의 탐험가들이었어요. 탐험가 폴 사이플과 찰스 파셀은 실제 기온이 아닌 피부로 직접 느끼는 온도가 궁금했어요. 남극 한복판에서 눈금이 있는 그릇에 물을 채운 뒤, 바람과 기온에 따라 그릇 속의 물이 얼마나 빨리 어는지를 측정했지요. 그런 다음, 피부가 열이 빼앗기는 정도를 계산해 체감온도를 구하는 식을 만들었어요.

이후로도 다양한 체감온도 계산식이 만들어졌고, 현재 우리나라 기상청은 2001년 캐나다와 미국에서 만든 계산식을 활용하고 있어요. 사람의 코, 턱, 이마, 뺨 등에 센서를 붙인 뒤 기온과 바람의 속도를 다르게 했을 때 피부의 온도가 얼마나 달라지는지를 측정해 만들었지요. 체감온도는 습도가 높거나 햇빛이 강할수록 높아지고, 바람이 세게 불수록 낮아져요.

으, 추워! 체감온도는 영하 20℃다!

용어 설명
습도★ 공기 중에 수증기 (기체 상태의 물)가 들어 있는 정도예요.

체감온도를 구할 때는 기온이 몇 도이고 바람의 속도가 얼마인지 표에서 찾은 뒤, 두 값이 만나는 곳을 찾으면 돼요. 예를 들어 영하 10℃에서 바람이 5km/h로 불 때는 체감온도가 영하 13℃예요.

QR코드를 찍으면 **정답**을 바로 볼 수 있어요.

? 체감온도를 구해 봐!

아래에 있는 표는 체감온도 계산식에 따라 정리한 체감온도 표예요. 만약 2월 1일의 기온이 0℃, 바람의 속도가 10km/h★이고, 2월 2일의 기온이 -5℃, 바람의 속도는 5km/h라면 체감온도가 더 낮은 날은 언제일까요?

	바람의 속도(km/h)						
	5	10	15	20	25	30	35
기온(℃) 5	4	3	2	1	1	0	0
0	-2	-3	-4	-5	-6	-7	-7
-5	-7	-9	-11	-12	-12	-13	-14
-10	-13	-15	-17	-18	-19	-20	-20
-15	-19	-21	-23	-24	-25	-26	-27
-20	-24	-27	-29	-31	-32	-33	-33

(출처: 웨더아이)

용어 설명

km/h★ 바람의 속도를 나타내는 단위 중 하나로, 바람이 1시간에 몇 km를 가는지 나타내는 거예요. 만약 5km/h라면 바람이 1시간에 5km를 가는 속도라는 뜻이에요.

※ 생활 속 해결하고 싶은 수학 궁금증이 있다면 슈퍼M에게 메일을 보내주세요. asksuperm@gmail.com로 신청자의 이름, 연락처와 함께 사연을 보내면 됩니다. 사연이 채택된 신청자에게는 소정의 선물을 드려요!

수리국 신한지의 비밀
- 알쏭달쏭 임금님의 선물 -
글·그림 이은섭 콘텐츠 어린이수학동아

"너희 집안은 대대로 수학자를 배출해온"

"우리 수리국에서 매우 중요한 가문이다."

"여기선 수학자가 중요한 인물이구나."

"세금도 매우 공평하게 매겨 백성들이 존경하니"

"내가 나랏일을 보는 데 걱정이 없구나!"

"드라마에선 이럴 때 어떻게 했더라…?"

"네 아홉 번째 생일을 맞아 선물을 준비했다."

강산
축구는 재밌지만 수학은 어렵기만 하다. 하지만 누구보다 솔직하고 정의로운 초등학생.

신한지
수리국의 수학자로 모두가 알아볼 정도로 인기가 많다. 어느날 강산과 영혼이 뒤바뀐다.

대장장이★ 금속을 달구고 두드려 기구를 만드는 사람이에요.
저잣거리★ 가게가 죽 늘어서 있는 거리를 말해요.

한지의 집 밖에서 무슨 일이?! 4호에서 계속

주주총회★ 회사의 주주가 모여 회사의 중요한 사안을 결정하는 회의예요. 주주는 필요한 회사에 돈을 투자하고, '주식'이라는 증서를 얻은 사람을 말해요. 이들은 회사의 결정에 참여할 수 있어요.

사장이 되겠다던 민구의 꿈, 과연 꿈으로만 끝날까요?

며칠 뒤.

'이거다!' 싶은 음식은 없었지.

휘이~잉

그동안 다양하게 먹어봤지만….

으응, 꽤 어렵네.

심지어 용돈도 다 써서 이제 800원밖에 안 남았어.

800원? 나는 1700원 남았는데.

$$800 + 1700 + 1500 = 4000$$

나는 1500원! 우리 셋이 다 합치면 뭐 하나는 더 먹을 수 있겠다.

자, 이제 마지막 용돈이야! 비장의 요리가 될 만하고,

4000원으로 살 수 있으면서 우리가 아직 안 먹은 음식!

어? 얘들아!

쿵쿵

저쪽에서 맛있는 냄새가 나는데?

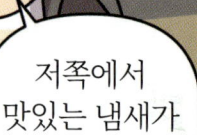

 주로 작가 │ 만드는 것보다는 먹는 것을 더 좋아합니다. 좋아하는 음식은 김치볶음밥! 단지의 우당탕탕 요리 대회 도전기! 지켜봐 주세요.

모으면 10이 되는 환상의 짝꿍 게임!

'콩쥐' 하면? '팥쥐'! '산타' 하면? '루돌프'!
함께하면 더 좋은 친구 카드를 찾아라!
환상의 짝꿍 게임을 지금 시작해 볼까요?

글 박건희 기자(wissen@donga.com) 디자인 김은지
#수학체험실 #모으기 #가르기 #50까지의_수

가보자고~!
김연진 기자
박건희 기자
너무 재밌다!
최송이 기자

찰떡궁합 짝꿍을 찾아라!

수에도 짝꿍이 있어요. 바로 10을 만드는 두 개의 수! 1부터 9까지의 자연수* 중 두 수를 골라 짝지어볼까요?

  1부터 하나씩 따져봐요. 1과 짝이 되어 10을 만드는 수는 딱 하나예요. 바로 9이지요. 반대로 9와 만나 10이 되는 수도 1뿐이에요. 또, 2와 함께 10을 만드는 수는 8, 8의 짝꿍은 2이지요. 마찬가지로 3과 7이 짝꿍, 4와 6이 짝꿍, 5와 5도 짝꿍이랍니다.

  10을 짝꿍이 되는 두 수로 가를 수도 있어요. 1과 9, 2와 8, 3과 7, 4와 6, 5와 5로 갈라지지요.

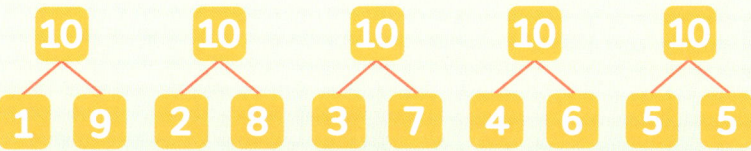

  이렇게 수를 모으고 가르면서 재밌는 게임을 할 수 있어요! 바로 '환상의 짝꿍 게임'! 게임에 필요한 숫자 카드를 지금부터 함께 만들어 봐요.

용어 설명

자연수* 수를 셀 때 쓰는 자연스러운 수라는 뜻이에요. 1부터 시작해 1씩 커지는 수이지요. 1, 2, 3, 4, 5,… 등의 수가 자연수랍니다.

짝꿍을 찾아야 이겨요!

내 짝꿍은 어디에?

합치면 10이 되는 카드, 혹은 서로 짝꿍인 카드를 더 많이 모으는 사람이 이기는 '환상의 짝꿍' 게임!

준비물

4절 도화지 4장

도화지를 그림과 같이 접었다 편 뒤, 접은 선을 따라 가위로 잘라요. 한 장당 16개의 카드를 만들 수 있어요. 총 50장의 카드를 만드세요.

짝꿍 단어 목록표(놀이북 25쪽)

숫자 카드

카드의 한쪽 면에 1부터 9까지의 수를 써요. 같은 방법으로 네 묶음을 만들면 1~9 숫자 카드가 총 36장이 돼요.

단어 카드

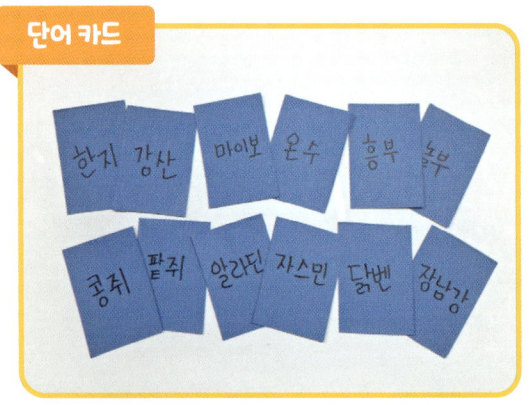

나머지 카드로는 '짝꿍 단어 목록표'를 참고해서 서로 짝꿍인 카드 7쌍, 즉 14장을 만들어요. 단어 대신 그림으로 나타내도 좋아요.

★ 짝꿍 게임 방법 ★

1 카드를 골고루 섞은 다음, 5장씩 나눠 가져요. 내 카드를 상대방이 보지 못하게 해요. 나눠 갖고 남은 카드는 모아서 뒷면이 보이도록 가운데에 둬요. 이를 '나머지 카드'라고 불러요. 가위바위보로 순서를 정해요.

2 나머지 카드의 맨 위 카드부터 순서에 따라 한 장씩 가져가요. 가지고 있는 카드중 짝꿍인 카드가 있는지 확인해요. 있다면 '짝!'을 외치며 찾아낸 짝꿍 카드를 모두 바닥에 내려놓아요.

3 나머지 카드가 없어질 때까지 **2**를 반복해, 짝꿍 카드를 찾아내요. 이때 손에 든 카드는 최대 5장을 넘으면 안 돼요. 새로운 카드를 가져온 후 손에 있는 카드가 6장이라면 아무 카드나 한 장 골라 앞면이 보이지 않게 버려요.

4 버린 카드는 다음 순서인 사람만 가져갈 수 있어요. 단, 버린 카드를 가져갈 경우 가운데에 놓인 나머지 카드는 가져갈 수 없어요. 둘 중 하나만 선택해야 하지요.

5 손에 든 카드를 모두 내려놓은 사람이 있거나 나머지 카드가 바닥나면 게임이 끝나요. 이때 짝꿍 카드를 가장 많이 모은 사람이 이겨요. 모은 짝꿍 카드의 개수가 같을 경우, 손에 든 카드의 개수가 적은 사람이 이기지요.

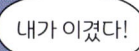

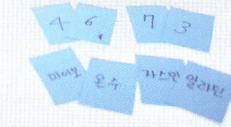

옥톡과 달냥의 우주 탐험대

글 김준수(과학동아천문대)
진행 박건희 기자 (wissen@donga.com)
디자인 오진희 일러스트 김태형, GIB 사진 NASA
#매리너_2호 #금성

안녕? 우린 우주인이 되기 위해 특수훈련을 마친 옥톡과 달냥이야. 어느 날, 우주 저 멀리에 있는 외계인으로부터 신호가 왔어. 당장 그들을 만나러 갈 거야! 우린 우주를 떠돌아다니는 여러 탐사선에서 부품을 모아 우주에서 최고로 멋진 우주선을 만들기로 했어. 이번엔 세 번째 탐사선을 만나 볼까?

매리너 2호의 센서 획득! 금성의 온도를 잴 때 사용된 센서(열이나 빛을 인식해 알려주는 도구)예요. '마이크로파★'를 이용해 온도를 쟀지요.

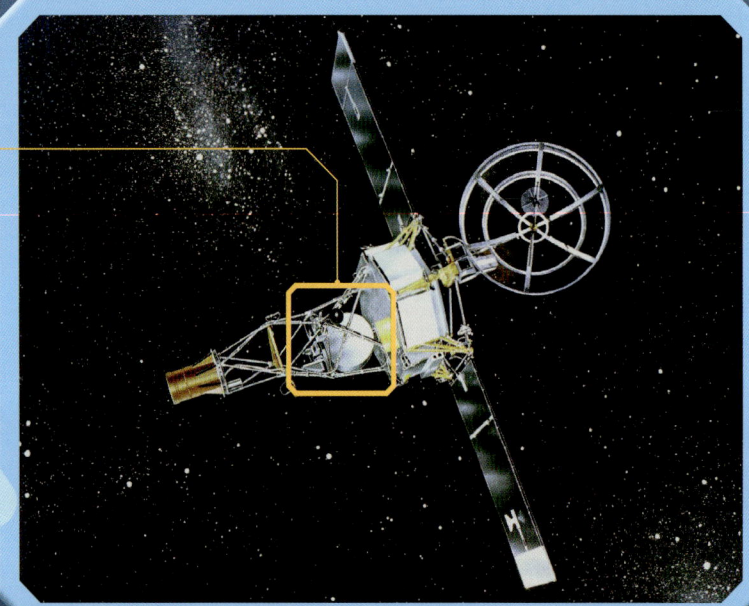

용어 설명

마이크로파★ '전자기파'의 종류 중 하나예요. 전자기파는 전기 성질과 자석 성질이 반복해서 변화하며 물결처럼 움직이는 것을 말하지요. 마이크로파는 비행기나 배의 위치를 파악하는 레이더, 부엌의 전자레인지 등에 다양하게 쓰여요.

공전★ 한 천체가 다른 천체의 주변을 일정한 간격으로 되풀이해서 도는 것을 말해요.

매리너 2호

1962년, 미국은 금성 탐사선 **매리너 1호와 2호**를 발사했어요. 1호는 폭발했지만, 2호는 3개월 비행 끝에 금성에 도착했지요. 매리너 2호는 금성의 온도를 측정했어요. 그 결과, 금성은 너무 뜨거워 생명체가 살 수 없다는 걸 알아냈어요. 매리너 2호는 지구가 아닌 다른 행성을 공전★한 최초의 탐사선이랍니다.

우주선 에너지 충전 미션

너무 뜨거운 금성! 금성의 표면 온도를 낮추고 싶어요. 금성을 차갑게 만들려면 어떻게 해야 할까요? 기막힌 방법을 알려주세요. 멋진 아이디어를 낸 독자 2명에게 과학동아천문대 입장권을 드려요.

금성

금성은 태양과 달에 이어 **세 번째**로 밝아요.
금성이 밝은 건 두꺼운 대기*로 둘러싸여 있기 때문이에요.
대기가 태양으로부터 오는 빛을 반사하여 행성이 빛나 보이지요.
하지만 두꺼운 대기는 온실효과*를 일으켜요.
금성의 표면* 온도는 500°C(섭씨 500도)에 이를 정도예요.
생명체가 살아갈 수 없을 만큼 뜨겁답니다.

용어 설명

대기* 천체를 둘러싸고 있는 기체(공기)예요.
온실효과* 태양으로부터 온 빛이 대기층에 갇혀 나가지 못하고 표면 온도를 높이는 걸 말해요.
표면* 사물의 가장 바깥쪽, 겉 부분이에요.

우주선에 에너지가 충전되도록 미션을 해결하고 '**플레이콘**'에 올려줘!

수플리 수학 플레이리스트

담당 조현영 기자
(4everyoung@donga.com)

QR코드를 찍고 **게임 방법**을 영상으로 확인해 보세요!

※자세한 규칙은 제품에 들어 있는 설명서를 참고하세요.

🎲 **보드게임**

1

각자 거북이를 고르고, 자기 거북이에 맞는 색깔 카드를 나눠 가져요. 처음에는 모두 뗏목에서 출발해요.

2

주사위 3개를 하나씩 차례로 굴려요. 주사위를 몇 개나 굴릴지는 마음대로 선택할 수 있어요.

3

1+4에 2를 곱해요. 10칸 전진!

주사위 눈의 합이 8 이상이면 뗏목으로 돌아가요! 1~7일 땐 주사위 눈의 합에 굴린 주사위의 개수를 곱해서 움직여요.

마헤
브레인티저스 공간27
gonggan27.com
35,000원
이용 연령 | 8세 이상
참여 인원 | 2~7명

※자세한 규칙은 제품에 들어 있는 설명서를 참고하세요.

6

각자 가진 알 카드를 뒤집어서 알의 총 개수를 세요. 알이 가장 많은 거북이가 승리해요.

5

21번 칸에 도착하거나, 이 칸을 지나 다시 한 바퀴를 돌게 되면 알 카드를 얻어요. 알 카드가 바닥나면 게임 종료!

4

둘 이상의 거북이가 같은 칸에 도착했다면, 늦게 온 거북이가 위에 업혀요. 밑에 있는 거북이는 업힌 거북이 차례가 올 때까지 함께 움직여요.

➕ **놀면서 배우자!**

- 덧셈, 뺄셈 능력을 기를 수 있어요! 첫 번째 주사위 눈이 1, 두 번째가 2, 세 번째가 3이라면, (1+2+3)×3=18개의 칸을 이동해요.
- 추리력이 필요해요. 무조건 큰 수가 나오는 게 좋지만은 않아요! 내 거북이에게 가장 필요한 수가 무엇일지 생각하며 주사위를 더 굴릴지 말지 결정해요.

 영상

60만 칸으로 만든 아름다운 경회루

서울 종로구 경복궁에 위치한 '경회루'는 연못 한가운데에 지어진 한옥 건축물이에요. 한 유튜버가 '마인크래프트'로 경회루를 다시 지어보기로 했어요. 3차원 세상에서 정육면체 블록들로 건축을 할 수 있는 게임이지요. 하지만 게임 속에서 경회루를 만들려면 수십 만개의 블록을 없앤 뒤 다시 쌓아야 한다는데…. 총 몇 개의 블록이 필요한지, 다 짓는 데에는 몇 시간이 걸렸을지 생각하며 게임 속 경회루를 함께 구경해요!

 책

지구촌 아이들이 들려주는 SDGs 이야기

이정주 글 | 박재현 그림 | 개암나무 | 14000원

SDGs는 가난, 차별, 기후변화 등 세계 곳곳에서 일어나는 사회 문제를 어떻게 극복할지 고민하는 거예요. 일을 해도 돈을 벌 수 없는 알리, 여자아이라는 이유로 학교에 가지 못하는 소니타, 산불로 집을 잃은 제시 등 SDGs 문제를 겪는 아이들이 쓴 편지를 읽으며 모두 행복한 세상을 위해서 무엇을 해야 할지 함께 고민해 보세요.

 책

오늘은 용돈 버는 날

연유진 글 | 간장 그림 | 풀빛 | 14000원

주인공 준호와 친구 현우는 누가 용돈을 더 많이 모으는지 내기를 하기로 했어요. 하지만 용돈을 쓰지 않고 모으는 것은 무척 어려운 일이었지요. "아예 안 쓸 수는 없으니, 쓰는 것보다 더 많이 벌면 어떨까?" 과연 준호는 야심찬 계획을 성공해 현우를 이길 수 있을까요? 준호의 이야기를 읽으며 용돈을 버는 다양한 방법을 배워 봐요!

 영상

십이면체 퍼즐 '메가밍크스' 맞추는 방법

메가밍크스는 십이면체 모양으로 만들어진 퍼즐 장난감이에요. 조각을 이리저리 돌려서 모든 면을 각각 하나의 색으로 맞춰야 하지요. 우리가 흔히 가지고 노는 루빅스 큐브와 비슷하지만, 면이 6개인 루빅스 큐브와 달리 면이 12개나 된다는 특징이 있어요. 면이 12개라면 색깔도 12가지나 될 텐데, 어떻게 모두 정리할 수 있을까요? 어려움을 느낄 초보자들을 위해서 쉬운 설명 등장! 마법 같은 메가밍크스의 해법을 따라해 보세요!

※과몰입러: 뭔가에 깊이 빠진 사람을 재밌게 부르는 유행어.

- 수학 기자의 자존심을 걸고 -

글·그림 최수경 콘텐츠 최송이 기자(song1114@donga.com)

 최수경 작가 애니메이션과 웹툰을 그리고 있습니다. 개성 있고 사랑스러운 그림으로 사람들을 행복하게 해주고 싶어요. :)

재밌고도 어려운 수학 퍼즐의 세계!

 **한 달에 두 번,**

어린이 수학동아 가 찾아갑니다!

<어린이수학동아>를 정기구독으로 만나보세요. 한 달에 두 번 최신 호를 가장 빠르게 받아볼 수 있습니다. 1년을 구독하면 초등 수학의 5개 영역을 담은 <어린이수학동아> 24권을 모두 받을 수 있어요. 또, 정기구독 독자에게만 드리는 혜택도 누릴 수 있어요!

★정기구독으로 초등 수학 완전 정복!

23년 주제호 구성안	1월	2월	3월	4월	5월	6월
	여러 가지 수	덧셈과 뺄셈	도형	도형	도형	곱셈과 나눗셈
	여러 가지 수	덧셈과 뺄셈	도형	도형	곱셈과 나눗셈	곱셈과 나눗셈
	7월	**8월**	**9월**	**10월**	**11월**	**12월**
	분수와 소수	분수와 소수	측정	측정	자료와 가능성	규칙 찾기
	분수와 소수	분수와 소수	측정	자료와 가능성	자료와 가능성	규칙 찾기

※정기구독 신청일 기준으로 해당 월호가 배송되며 1년 중 주제호 24권을 모두 받을 수 있습니다.

어린이수학동아 정기구독 혜택 100% 누리기!

기자단 활동
★전국 과학관 및 박물관 상시 무료 입장
★내가 쓴 기사를 현직 기자가 첨삭!
★기사와 체험 활동은 포트폴리오로 관리
 팝콘플래닛

연장회차별 DS캐시 지급
★현금처럼 사용가능한 DS캐시 제공
★5,000캐시부터 최대 15,000캐시까지 즉시 할인
 DS 스토어

디 라이브러리 무료
★동아사이언스 모든 매거진(어린이수학동아, 어린이과학동아, 수학동아, 과학동아) 무료 이용
★연 480,000원 상당 혜택
 디라이브러리

시민과학 프로젝트 참여 기회 제공
★이화여대 장이권 교수와 함께하는 **지구사랑탐사대 우선 선발**
★AAAS 국제과학언론상 수상! **우리동네 동물원 수비대 우선 선발**
★줍깅! 분리배출! 플라스틱 일기까지! **플라스틱 다이어트 프로젝트 참여**

어수동을 오디오로 들어요!
★각 기사의 첫 페이지에 있는 QR코드를 스마트폰으로 찍고 오디오를 들어요.
★매월 20개 이상의 어수동, 어과동 오디오 콘텐츠를 만나 보세요.
 오디오쏙

어수동×어과동 기자단 가입하고
78개 전국 과학관·박물관 취재하세요!

양윤서
동아사이언스

위 사람은 동아사이언스에서 운영하는 어과동, 어수동 기자단임을 증명합니다.

<어린이수학동아>를 정기구독해서 보는 친구에게는 정말 좋은 혜택이 있어요! 바로 어린이수학동아×어린이과학동아 기자단 활동! 기자는 원하는 정보를 얻기 위해 해당 분야 전문가를 만나 취재하고 기사를 쓰죠. 친구들도 <어수동> 기자처럼 전국 78개 과학관과 박물관에 무료 입장해 취재하고 기사를 쓸 수 있어요. 기사를 써서 팝콘플래닛 '기사콘'에 올리면 <어수동> 기자가 직접 첨삭해 기사를 출고합니다. 기자단에 가입하고 꼭 기자단 혜택을 누리세요!

기자단에 가입하면 얻는 혜택

혜택1 · 78개 전국 주요 과학관 및 박물관 무료 또는 할인 입장

혜택2 · 첨삭 현직 기자의 글쓰기 첨삭 지도

혜택3 · 취재 다양한 현장 취재 참여

혜택4 · 포트폴리오 내가 쓴 기사를 내려받을 수 있는 포트폴리오 제공

앱 설치하고 모바일 기자단증을 받으세요!

정기구독 신청 (02)6749-2002

정기구독 할인 안내 — 최대 135,600원 가격 할인

정기구독료

	구분	정가	할인금액	할인	비고
단품	1년 정기구독료(24권)	264,000	224,400	15%	39,600원 할인
	2년 정기구독료(48권)	528,000	422,400	20%	105,600원 할인

패키지 구독료

	구분	정가	할인금액	할인	비고
패키지 1년 정기구독료	어린이수학동아 + 어린이과학동아	576,000	460,800	20%	115,200원 할인
	과학동아 + 어린이과학동아	510,000	408,000		102,000원 할인
	수학동아 + 어린이과학동아	480,000	384,000		96,000원 할인
	과학동아 + 수학동아	366,000	292,800		73,200원 할인
	과학동아 + 수학동아 + 어린이과학동아	678,000	542,400		135,600원 할인

※위의 패키지 상품은 어린이수학동아 독자 연령에 맞는 대표 패키지입니다.
　추가로 다양한 패키지 상품을 구매할 수 있습니다(상세 가격은 'DS스토어' 홈페이지 참고).
※패키지 2년은 1년 할인가에 추가 할인이 제공됩니다.

어린이 수학동아
편집부
♥ 후기 ♥

😎 최은혜 편집장
강릉에 놀러 가서 동물 친구들을 많이 만났어요. 경포가시연습지에서 만난 사진 속 친구는 고라니인 것 같아요. 노루는 뿔이 있고(수컷) 엉덩이 털이 흰색이래요.
#어과동_헷갈린과학_찾아봄

😆 최송이 기자
한 번 크게 아픈 뒤로, 건강에 나쁘지 않은 음식을 이것저것 만들어보려고 노력하고 있어요. 그래도 아직까지는 성공률 100%를 자랑하고 있지요.
#우당탕탕이지만 #구단지를_보면_되려나

😝 김연진 기자
은지 디자이너님과 귀여운 우정템을 장착했어요! 어수쟁에도 우정템 스웨터를 입은 두 토끼가 나온다는데…. 궁금하다면 12쪽으로 오세요~.
#선물해준 #어수동막내현영기자
#감사합니다

🤩 박건희 기자
제가 좋아하는 것들을 사진 한 장에 담았어요. 그나저나 '벅기'가 '부산의 기운'인 줄 알았는데 '부산 갈매기'더군요.

🤡 조현영 기자
카페에 갔는데 두부 같은 게 얹어진 쿠키가 있었어요. 알고 보니 두부가 아닌 마시멜로! 이 카페의 사장님은 어릴 때부터 초콜릿 쿠키에 늘 작은 마시멜로만 얹어져 나오는 것이 불만이었다고 해요. 여러분은 어른이 되면 어떤 것을 크게 만들고 싶나요?!

😍 오진희 디자인 파트장
부산 여행 중에 따뜻한 햇살 아래 시원하게 스트레칭을 하고 있는 냥이를 만났어요. 요즘 몸과 마음의 건강을 위해 요가를 배우고 있는데 냥이에게 한 수 배워야겠어요~!
#태종대_사는_요가냥

😈 김은지 디자이너
기간이 끝나기 전에 서둘러 장줄라앙 전시를 보고왔어요! 간단하지만 '피식' 웃게 해주는 일러스트로 힐링하고 왔답니다. 저도 수첩을 들고 다니며 쓱쓱싹싹 메모하는 습관을 들여봐야겠어요!

내가 바로 <어수동> 표지 작가!

독자 여러분이 멋지게 완성한 <어수동> 표지를 소개합니다. 놀이북 표지를 내 맘대로 색칠하고 '플레이콘'의 놀이터-어린이수학동아 게시판에 자랑해 주세요!

베스트 표지

독자
장유은(universjang)

3호 표지

지금 바로
표지 작가에
도전하세요!
베스트 표지에
뽑히면 선물을
드려요!

기자의 한마디

★달비의 흰 털과 붉은 앞치마가 참 잘 어울려요. 꼬리 끝과 몸통 곳곳의 보들보들한 털 표현도 아주 섬세해요!

★달비네 수선실을 둘러싸고 있는 흰 털실이 시선을 사로잡는군요. 달비 손의 동글동글 파란색 털실 뭉치도 달비의 붉은색 앞치마와 대조되어 눈에 확 띄네요!

※ 베스트 표지로 선정된 분은 4everyoung@donga.com으로 이름, 주소, 전화번호를 보내주세요!

조 기자

어수동 찐팬을 만나다

큐브에 진심인 수학왕! 이서연 독자

글 조현영 기자(4everyoung@donga.com)

<어린이수학동아>의 진짜진짜 '찐팬'을 소개합니다! 찐팬으로 선정된 독자의 교실로 <어수동>을 보내드려요.

이서연

클라이밍을 즐기는 서연 독자의 모습이에요. 어떤 돌을 밟을지 생각해서 정해진 문제를 풀며 벽을 타는 스포츠이지요.

어수동 **서연 독자님은 수학이 어렵지 않나요?**

조금 어려워요! 그렇지만 재미있어요. 저는 어릴 때부터 아빠와 같이 암산, 주산* 공부를 했어요. 그래서 암산으로 곱하기, 나누기도 할 수 있어요! 집에서도 문제집을 혼자 힘으로 풀어보고요. 학교 시험에서 100점을 받으면 기분이 좋아요. 선생님과 친구들도 제가 수학을 잘한다고 많이 칭찬해 주었어요.

어수동 **<어수동>에서 어디를 가장 먼저 펼쳐보나요?**

놀이북의 '말랑말랑 두뇌퍼즐'이요! 이번에는 어떤 문제가 나올지 너무 궁금하고, 푸는 동안에는 어렵지만 답을 찾으면 무척 신나요. 엄마한테도 꼭 풀어보게 해요. 체스 게임도 좋아해서 '도전! M 체스 마스터'의 M 체스 마스터 카드도 계속 모으고 있어요.

어수동 **서연 독자님은 무엇을 좋아하나요?**

제가 가장 자신 있는 건 큐브 맞추기예요. 처음에는 아빠가 알려주는 것을 따라 했어요. 그러다가 혼자 힘으로 완성하고 싶어서 동영상을 찾아보고, 방법을 종이에 써 가며 밤늦게까지 외웠어요. 이제는 누가 어떻게 큐브를 섞어놔도 매우 빠르게 완성할 수 있어요! <어수동>에도 큐브에 대한 이야기가 소개됐으면 좋겠어요. 또, 저는 동물을 매우 좋아해요. 그래서 동물에 관한 공부를 하고 싶어요. 초등학교, 중학교, 고등학교까지 쭉 열심히 공부해서 미래에도 좋아하는 일을 하는 사람이 될 거예요!

이서연
서울신상도초등학교
2학년

주산* 수를 세는 도구인 '주판'을 이용해 계산하는 것을 말해요.

어린이 수학동아 놀이북

수와 연산 — 덧셈과 뺄셈 ❶

- 유대현 쌤의 사고력 쑥쑥 수학놀이
- 달비 수선실을 도와줘!
- 놀러와! 도토리 오락실 | 오븐 고르기
- 둘 중 하나는 잡는 체스 기술! 포크

예쁘게 색칠해서 '플레이콘'에 올려주세요!

팝콘플래닛으로 놀러오세요!

팝콘플래닛은 어떤 곳인가요?
팝콘플래닛은 어린이의 상상으로 태어난 가상세계입니다.
총 4개의 콘으로 구성돼 있어요.

 나의 작품을 직접 연재하는 웹툰/소설/그림 작가 되기!

 기사도 쓰고~ 토론도 하고~ 어과수 기자단 활동하기!

 어린이수학동아, 어린이과학동아 콘텐츠를 한눈에 쏙!

 지구를 지켜라! 시민과학자 되기!

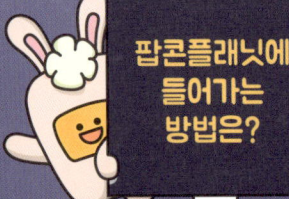
팝콘플래닛에 들어가는 방법은?

웹(PC)으로 접속할 때
포털사이트에서 '팝콘플래닛'을 검색하거나 주소창에 www.popcornplanet.co.kr을 입력하세요.

앱(스마트폰/태블릿PC)으로 접속할 때
구글/앱 스토어에서 '팝콘플래닛'을 검색한 다음 앱을 설치하세요.

contents

- **02** 사고력 쑥쑥! 수학 놀이
- **06** 이야기로 냠냠! 어수잼
    달비 수선실을 도와줘!
- **08** 수학 궁금증 해결! 출동, 슈퍼M
    내가 바로 날씨 요정!
- **10** 놀러와! 도토리 오락실
- **12** 말랑말랑 두뇌퍼즐
- **16** 어수동네 놀이터
- **18** 도전! M 체스 마스터
    둘 중 하나는 잡는다! 포크
- **21** 도전! M 체스 마스터 카드
- **23** 수선실 선반을 채워라!
- **25** 환상의 짝꿍, 바로 우리야!

사고력 쑥쑥! 수학놀이

콘텐츠 유대현 서울유현초등학교 교사
(전 서울 중부교육지원청 영재교육원 강사)
디자인 오진희 일러스트 GIB
#마방진 #덧셈 #전투함퍼즐

가로, 세로, 대각선을 똑같게 하라!

💡 '마방진'은 가로, 세로, 대각선 방향의 수를 각각 더하면 모두 같은 값이 나오도록 수를 배치한 거예요.

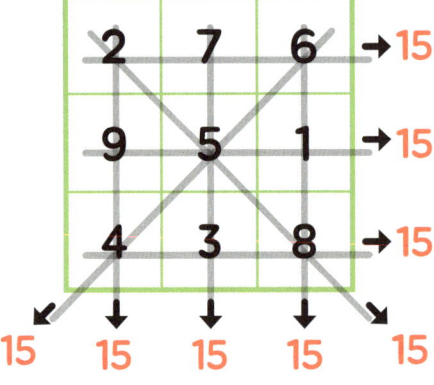

💡 3~11 사이의 수가 한 번씩 들어가도록 아래 마방진의 빈칸을 채워 보세요.

같은 줄에 있는 세 수의 합이 모두 같아야 해요.

10		
	7	
	11	4

별 모양 마방진을 풀어라!

1부터 12까지의 수를 ○ 안에 알맞게 넣어 한 줄의 합이 모두 26이 되도록 완성하세요.

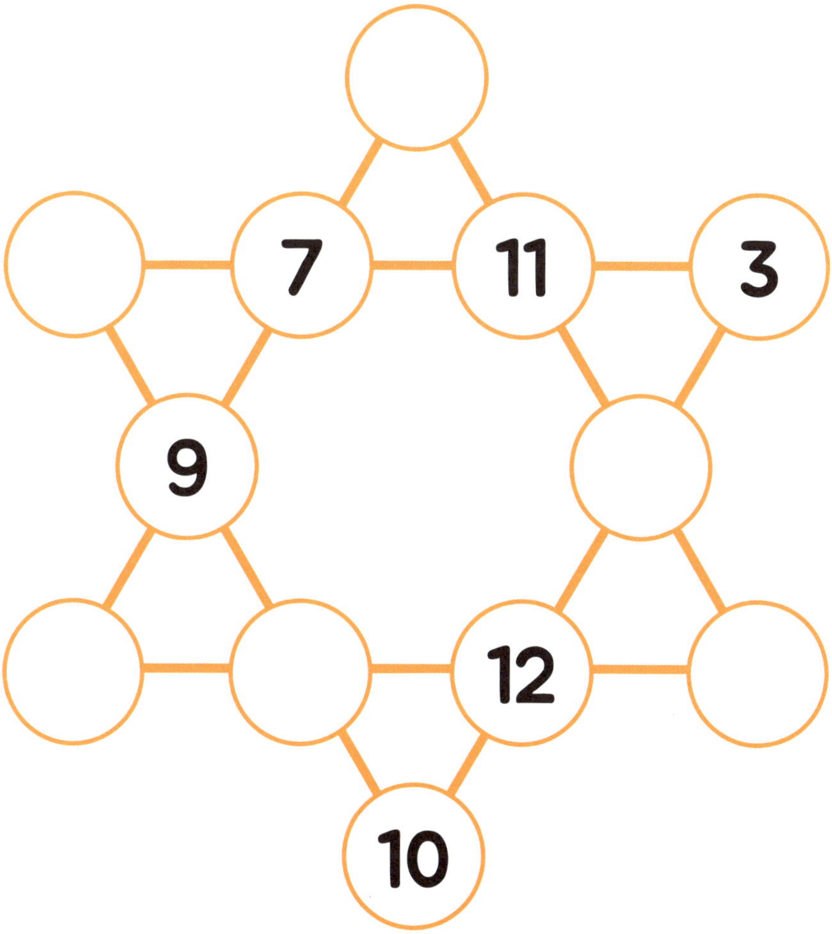

1부터 12까지의 수가 한 번씩만 들어가요.

전투함 배치하기

💡 전투함에는 1개부터 5개까지의 대포가 실려 있습니다. 네모 칸의 오른쪽과 아래쪽에 적혀있는 수는 그 줄에 있는 전투함의 대포 수를 합한 값입니다.

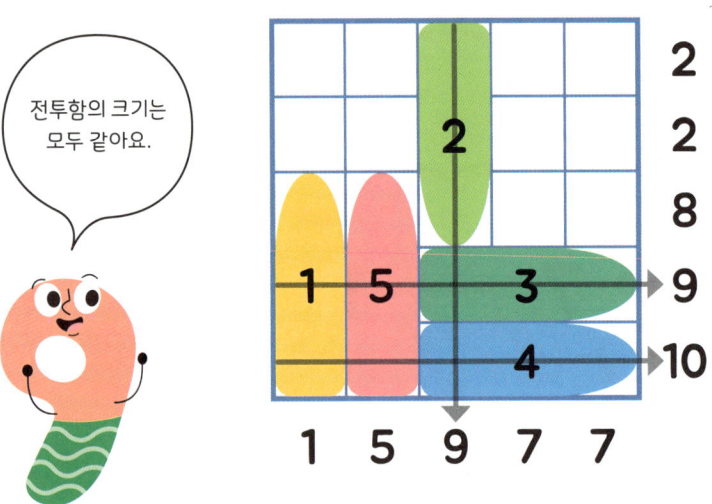

💡 아래 빈 자리에 대포를 1개부터 3개까지 실은 전투함을 알맞게 배치해 보세요.

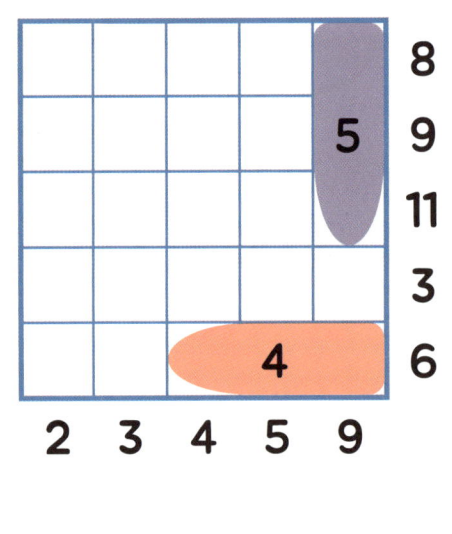

💡 대포 수의 합을 나타내는 숫자 중 일부가 지워졌습니다. 빈 자리에 대포가 2~5개인 전투함을 알맞게 배치하고, 지워진 숫자도 채워 보세요.

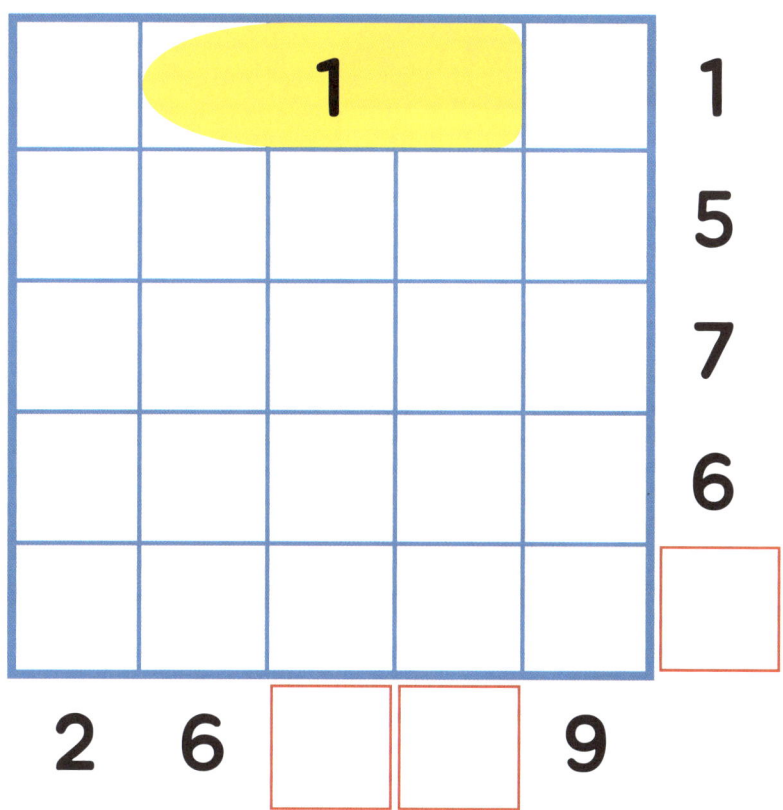

2부터 5까지의 수 중에서 더했을 때 9가 되는 수는 뭘까요?

대포가 2개, 3개, 4개, 5개 실린 전투함이 하나씩만 들어가요.

답을 찾았나요? '플레이콘'에 자랑해 주세요!

놀이북 23쪽과 함께 보세요!

달비 수선실을 도와줘!

달비 수선실의 조수 짹짹이가 휴가를 갔어요. 달비는 손님을 맞느라 정신이 없네요. 짹짹이가 맡은 일을 여러분이 대신 해결해 주세요!

글 어린이수학동아 **디자인** 김은지 **일러스트** 이지희
#가르기 #모으기 #덧셈 #뺄셈

장식을 필요한 만큼 가져와 줘!

밤 축제에 간 부엉이 손님이 다시 찾아왔어요. 더 화려한 망토를 만들기 위해, 망토 끝자락에 술 장식을 달고 싶다고 했지요. 보석의 개수보다 13개 적은 개수의 장식을 달아달라고 요청했어요. 그럼 준비해야 하는 술 장식은 몇 개일까요?

※힌트 : 보석의 전체 개수를 먼저 세어 보세요.

 필요한 술 장식은 모두 ☐ 개

달비가 일하는 동안 계산을 부탁해!

자투리 시간을 활용해 체리 장식을 여러 개 만들어 놓기로 했어요. 달비가 체리에 이파리를 각각 하나씩 달아 4개의 체리 장식을 완성했어요. 바구니엔 11개의 이파리가 남았네요. 그럼 바구니엔 원래 이파리가 몇 개 있었을까요?

※힌트 : 궁금한 개수를 ☐로 놓고 뺄셈식을 만들면 ☐ - 4 = 11이에요.

 처음 바구니에 있었던 이파리 ☐ 개

필요한 재료를 정리해야 해!

짹짹이는 각 물건을 10개씩 준비해 둬야, 다음 날 바쁠 때 창고에 다녀오지 않아도 된다고 말했어요. 각 물건을 10개로 만들기 위해 창고에서 몇 개씩 더 가져와야 할까요? 놀이북 23쪽의 도안을 잘라 아래 선반에 붙여보세요.

예시

달비 수선실을 도와준 결과를 '플레이콘'에 올려 주세요. 추첨을 통해 선물을 드려요!

내가 바로 날씨 요정!

우리 동네 날씨 요정이 되어볼까요? 일주일 동안 매일 같은 시각의 기온과 체감온도를 기록해 보고, 간단한 온도계도 직접 만들어 봐요.

글 장경아 객원기자 **진행** 최송이 기자(song1114@donga.com) **디자인** 김은지 **일러스트** 김태형
#슈퍼M #생활수학 #덧셈 #뺄셈 #기온 #체감온도

우리 동네 기온과 체감온도는?

기상청 날씨누리 홈페이지에서 우리 동네의 기온과 체감온도를 확인할 수 있어요. 일주일 동안 매일 같은 시각의 기온과 체감온도를 기록해 보세요.

QR코드를 찍어 오늘 기온을 확인하세요!

기록한 기간 : ☐ 월 ☐ 일부터 ☐ 월 ☐ 일까지

시각 : 오전 | 오후 ☐ 시

날짜	월 일	월 일	월 일	월 일	월 일	월 일	월 일
기온							
체감온도							

★ 기온이 가장 낮은 날은 언제였나요?

★ 체감온도가 가장 낮은 날은 언제였나요?

★ 기온과 체감온도의 차가 가장 큰 날은 언제였나요?

탐구 2

간이 온도계를 만들어 보자!

기온이 높을 때 온도계의 빨간 선은 위로 올라가요. 기온이 낮으면 빨간 선이 아래로 내려가지요. 간단한 온도계를 만들고 실험해보며 온도계의 원리에 대해 생각해 봐요!

준비물

빨대, 네임펜, 종이, 작은 유리병, 컵 또는 그릇, 물, 알코올★, 빨간색 물감 또는 잉크, 지점토, 얼음

1 종이에 1cm 간격으로 눈금을 그려요. 맨 위와 맨 아래 눈금에 구멍을 뚫어 사진과 같이 빨대를 끼워요.

2 컵이나 그릇에 같은 양의 물과 알코올을 넣은 다음, 빨간색 물감을 넣어 섞어요.

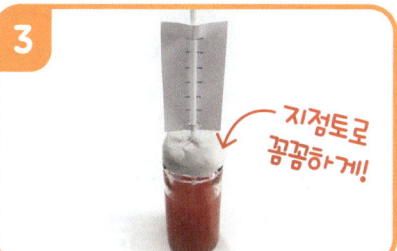

3 ②를 유리병에 넣고 ①을 꽂아요. 공기가 밖으로 새어 나가지 않도록 지점토로 병 입구를 꼼꼼히 막아요.

지점토로 꼼꼼하게!

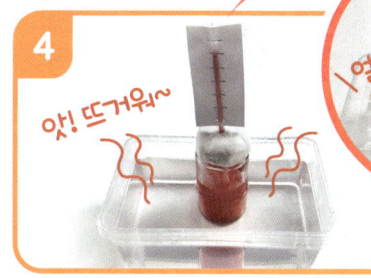

4 유리병을 뜨거운 물에 담갔을 때와 얼음물에 담갔을 때 빨대의 눈금이 어떻게 달라지는지 비교해 보세요.

앗! 뜨거워~ / 얼음

용어 설명

알코올★ 색깔이 없고 투명하며 불이 잘 붙는 액체예요. 주로 소독할 때 사용하고, 약국에서 팔지요.

새 오븐이 필요해!

도토리 케이크를 만들기 위해 빵을 굽던 어느 날, '펑' 소리가 나더니 오븐이 고장 나버렸다. 민구는 새 오븐을 사기 위해 가전 제품 상점에 왔다. 사용할 수 있는 돈은 300,000원! 원래 쓰던 오븐보다 기능이 더 좋은 오븐을 사려고 한다. 어떤 오븐을 선택해야 할까?

원래 쓰던 오븐
용량	10L (리터)
최고 온도	200°C
추가 기능	없음

① 불꽃 레드 오븐 — 180,000원
용량	25L
최고 온도	200°C
추가 기능	남은 열로 따뜻한 온도를 유지해주는 보온 기능 (비용: 없음)

② 퓨어 강력 오븐 — 280,000원
용량	35L
최고 온도	250°C
추가 기능	전자레인지 기능 (비용: 50,000원)

③ 봄날처럼 따뜻한 오븐 — 210,000원
용량	30L
최고 온도	220°C
추가 기능	전자레인지 기능 (비용: 50,000원)

④ 인공지능이 다해줌 오븐 — 450,000원
용량	30L
최고 온도	250°C
추가 기능	인공지능이 스스로 온도와 시간을 맞춰줌 (비용: 없음)

> 원래 쓰던 오븐보다 최소 3배 큰 용량이 필요해.

> 최고 온도 20도 더 높으면 좋겠어. 전자레인지까지 되면 어떨까? 뭐, 꼭 필요한 건 아니야.

내 게임 결과를 '플레이콘'이 놓이다- 어린이수학동아 게시판에 공유해 줘!

이 퀘스트를 해결하면 경험치 +5

말랑말랑 두뇌 퍼즐

두뇌의 다양한 영역을 개발하고 사고력을 키우는 데 퍼즐이 매우 유용해요. 논리력과 수리력, 공간지각력, 관찰력을 키우는 퍼즐을 통해 두뇌를 자극해 보세요!

글 어린이수학동아
이미지 shutterstock
퍼즐 한국창의퍼즐협회
#나무와텐트 #십자연산 #흑백연결 #변화규칙

논리 퍼즐

나무와 텐트

나무 하나에 텐트 하나씩 설치해요. 텐트는 나무의 위나 아래, 왼쪽, 오른쪽 중에 지어야 해요. 텐트끼리는 가로, 세로, 대각선으로 나란히 붙어 있으면 안 돼요. 검정색 칸에는 텐트를 설치할 수 없어요.

예시

예시 정답

문제

 한국창의퍼즐협회
Korea Creative Puzzle Association

※한국창의퍼즐협회는 세계퍼즐연맹의 한국 운영기관으로, 퍼즐을 놀이이자 교육, 여가활동으로 널리 알리고자 설립한 단체입니다.

계산한 값이 맞도록 각 흰색 칸에 숫자 하나씩, 1부터 9까지의 숫자 중 총 4개를 골라 적어요. 같은 숫자가 여러 번 들어갈 수는 없어요.

예시   예시 정답

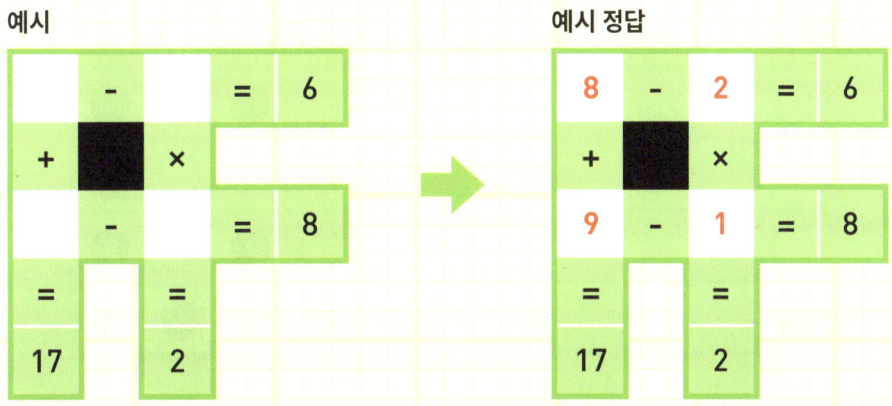

문제

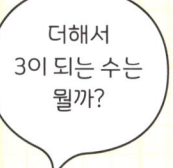

더해서 3이 되는 수는 뭘까?

공간 퍼즐

흑백연결

빈칸에 검정색 또는 흰색 원을 그려 넣어요.
같은 색 원끼리는 가로 또는 세로로 모두 연결돼 있어야 해요.
이때 굵은 선으로 구분한 공간에 한 가지 색의 원으로만 채우면 안 돼요.

예시

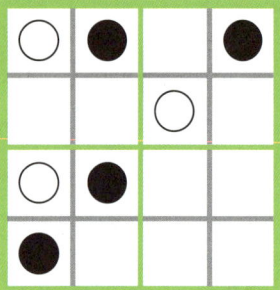

예시 정답

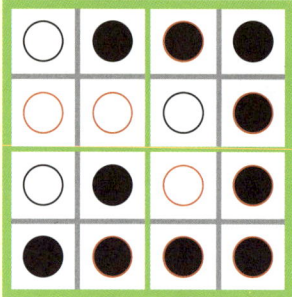

문제

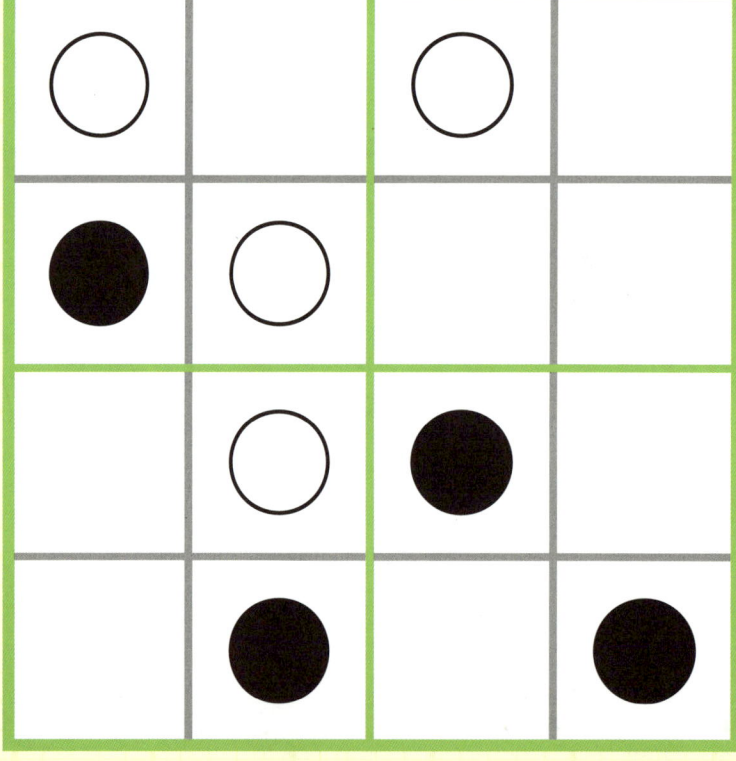

같은 색의 원들이 끊어지지 않고 연결돼야 해!

※한국창의퍼즐협회는 세계퍼즐연맹의 한국 운영기관으로, 퍼즐을 놀이이자 교육, 여가활동으로 널리 알리고자 설립한 단체입니다.

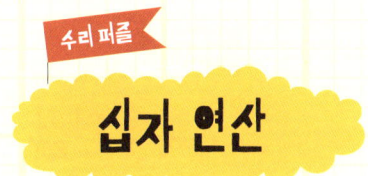

계산한 값이 맞도록 각 흰색 칸에 숫자 하나씩, 1부터 9까지의 숫자 중 총 4개를 골라 적어요.
같은 숫자가 여러 번 들어갈 수는 없어요.

예시 예시 정답

문제

더해서 3이 되는 수는 뭘까?

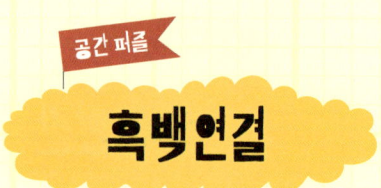

빈칸에 검정색 또는 흰색 원을 그려 넣어요.
같은 색 원끼리는 가로 또는 세로로 모두 연결돼 있어야 해요.
이때 굵은 선으로 구분한 공간에 한 가지 색의 원으로만 채우면 안 돼요.

예시

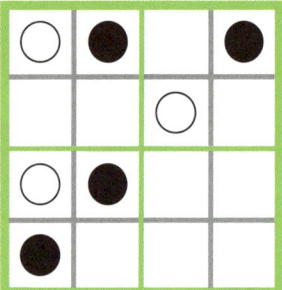

예시 정답

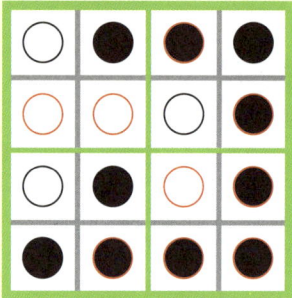

문제

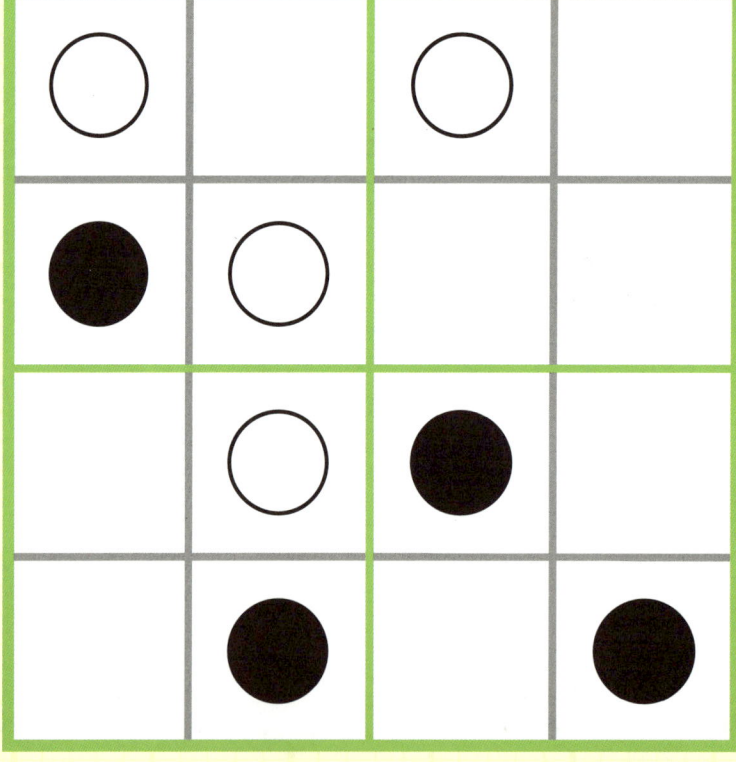

같은 색의 원들이 끊어지지 않고 연결돼야 해!

다음 그림을 관찰해 변화하는 규칙이 무엇인지 생각해 보세요.
규칙에 따라 물음표 자리에 들어갈 그림을 찾으세요.

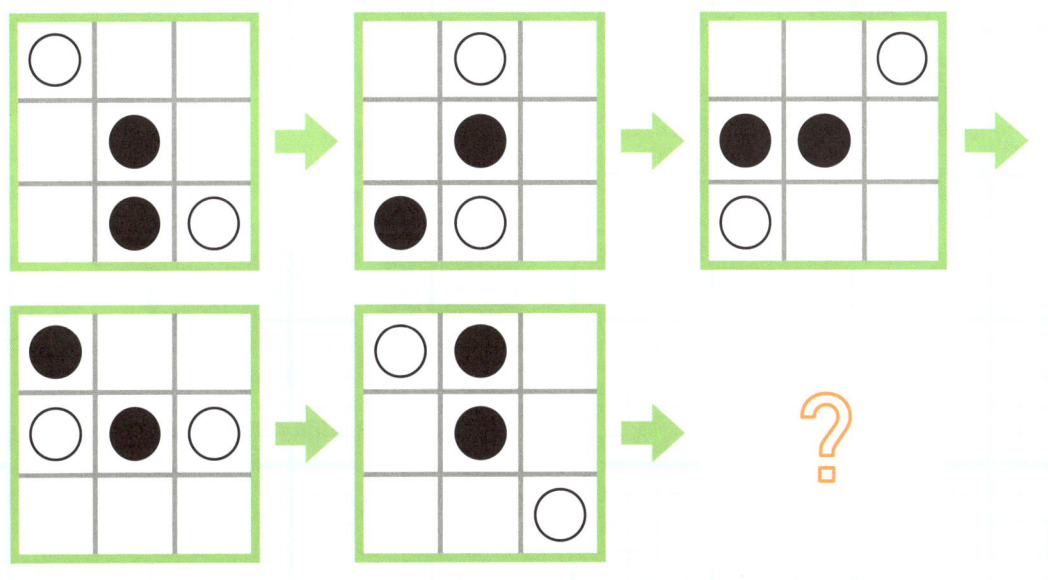

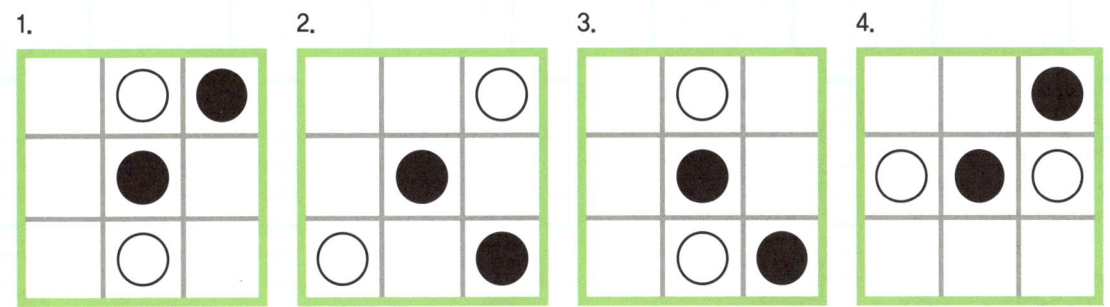

어수동네 놀이터

담당 조현영 기자
(4everyoung@donga.com)

'플레이콘'에 놀러오세요!
놀이터-어린이수학동아 게시판에 나의 놀이북 활동을 자랑해요. 추첨을 통해 독자 여러분께 선물을 드립니다! 선물을 받을 주인공이 누구인지 플레이콘에서 확인하세요~!

오늘의 챔피언
전지원
(j1021910)

<어수동> 친구들을 싣고 달리는 빨간색 광역버스예요! 광역버스를 나타내는 9, 아빠 회사가 있는 성동구에서 출발하는 2, 일련번호는 76이라서 9276번 버스입니다. ^^

미션 장면 뒤에 어떤 일이 벌어질지 자유롭게 그려주세요!

그림 미션

우와, 선물이요?

한지를 위한 임금님의 선물! 뭘까?

'메리 크리스마스! 선물을 줄게♥' 놀이북을 해 보고, 직접 블럭을 쌓아 문제도 만들어 보았어요. ^^ 어린이수학동아 정말 재미있게 보고 있어요! 강현제(artjysweet)

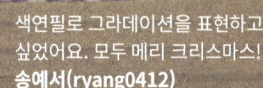

색연필로 그라데이션을 표현하고 싶었어요. 모두 메리 크리스마스!
송예서(ryang0412)

체스 마스터 카드를 만들어 보았어요!
이영의(euilove)

6살 꼬마의 솜씨! 어떤가요?! 이수정(hyde-cucu)

도전! M 체스 마스터

M 체스 세계에선 전투가 한창이에요. 체스는 암산 능력, 수치 해석 능력, 상황 판단 능력 등 전략적 사고력을 키우는 데 도움이 되지요. M 체스 세계의 전략 문제를 풀고, M 체스 마스터로 거듭나 봐요!

8×8 체스 경기장

체스판의 세로줄인 '파일'은 왼쪽부터 순서대로 a, b, c, d, …h로 읽고 가로줄인 '랭크'는 맨 아랫줄부터 순서대로 1~8의 숫자를 붙여요. 기물 위치는 파일의 알파벳과 랭크의 숫자 조합으로 표시하지요. 체스가 시작될 때 흰색 퀸은 d1에, 검은색 킹은 e8에 있지요.

처음에는 앞으로 1칸 또는 2칸 이동하고, 그 이후에는 앞으로 1칸씩만 이동함. 공격할 때는 대각선 앞에 놓인 상대편 기물만 공격할 수 있음.

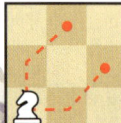

앞뒤나 양옆 중 한 방향으로 한 칸 움직인 다음, 그 방향의 대각선 왼쪽 또는 오른쪽으로 한 칸 더 움직임. 다른 기물을 뛰어넘을 수 있음.

대각선 방향으로 원하는 만큼 움직임.

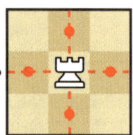

앞뒤와 양옆 직선 방향으로 원하는 만큼 움직임.

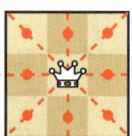

앞뒤, 양옆 직선 방향과 대각선 방향 어디로든 원하는 만큼 움직임.

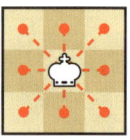

체스판에서 끝까지 지켜야 하는 왕. 앞뒤, 양옆 직선 방향과 대각선 방향으로 한 칸만 움직일 수 있음. 킹이 공격받는 상황에서 더이상 피할 수 없게 되면 게임이 끝남.

폰 1점

나이트 3점

비숍 3점

룩 5점

퀸 9점

킹 무한대

체스 기물의 가치 점수

둘 중 하나는 잡는다! 포크

'포크'는 하나의 기물로 둘 이상의 상대 기물을 동시에 공격하는 전술이에요. 포크를 효과적으로 활용하려면 기물의 위치를 정확하게 파악하고 있어야 하지요. 포크에 대해 알아보고 체스 마스터에 도전하세요!

글 어린이수학동아 **콘텐츠** 권세현 한국 체스 챔피언 **디자인** 김은지 **일러스트** 이민형
#체스 #기물 #포크 #나이트

권세현
한국 체스 챔피언

전세계적으로 인정받는 체스 선수의 명예 중 하나인 FM(Fide Master) 타이틀을 가지고 있어요. 2018년부터 현재까지 한국 체스 챔피언 자리를 이어오고 있어요.

날카롭고 강력한 포크 공격!

한 번에 두 기물을 공격하는 포크는 강력한 전술이에요. 포크에 걸린 상대편은 위협받는 두 기물 중 하나만 피할 수 있지요. 상대편은 공격받은 기물 중 가치가 더 높은 기물을 옮기고, 가치가 낮은 기물을 내줘야 해요. 도망치지 못한 기물은 잡힐 수밖에 없어요. 포크 전략은 모든 기물이 쓸 수 있지만, 나이트가 가장 많이 활용해요. 나이트는 상대 기물을 뛰어넘을 수 있기 때문이에요.

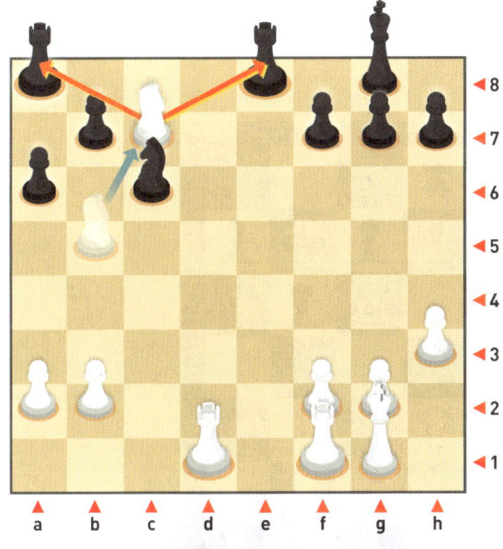

나이트의 포크
흰색 나이트가 두 개의 검은색 룩을 동시에 공격해요.

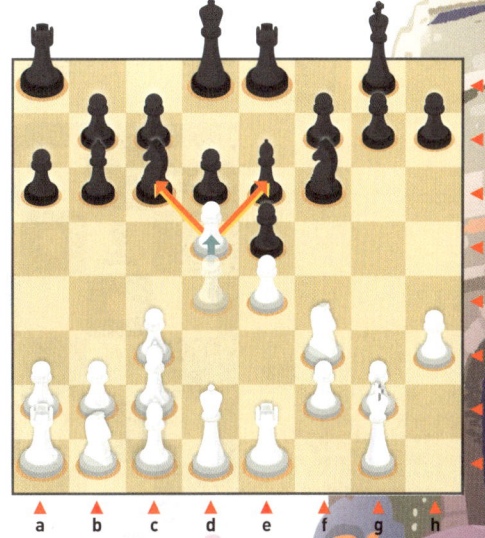

폰의 포크
흰색 폰이 검은색 나이트와 비숍을 동시에 공격해요.

도전! M 체스 마스터 전략 퀴즈

퀴즈 1 흰색 기물의 차례예요. 표시된 폰이 포크 전술을 쓰려면 어느 칸으로 움직여야 할까요?

한 번에 두 명 위협!

기물을 뛰어넘어 기습 공격하자!

퀴즈 2 흰색 기물의 차례예요. 표시된 나이트가 포크 전술을 쓰려면 어느 칸으로 움직여야 할까요?

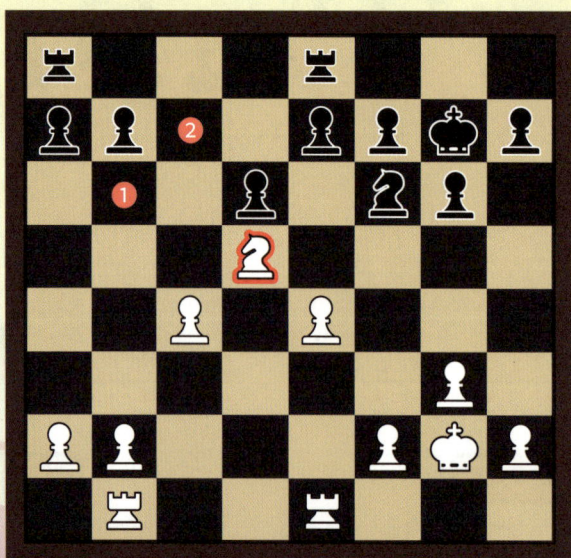

마스터 카드(22쪽)에 퀴즈의 답을 적고 나만의 카드를 완성해 봐!

포크 마스터 카드

M 체스 마스터가 되려면 노력과 인내의 시간을 거쳐야 하지. 포크를 배운 너희에게 M 체스 마스터 카드를 줄게. 앞으로도 체스 전략을 익히고 카드를 열심히 모으면 M 체스 마스터가 될 수 있을 거야. 오른쪽 카드에는 너희가 생각하는 동시 공격 포크 전술과 포크를 활용하는 나이트의 모습을 자유롭게 그리고 특징을 적어줘!

#체스 #행마법 #말 #기물 #포크

김사랑 국가대표가 알려주는 체스 비법

오른쪽 카드엔 항저우 아시안게임 체스 종목 최연소 국가대표인 김사랑 선수가 알려주는 체스 전략이 담겨있어. 왼쪽 카드에는 너희만의 체스 전략을 써 줘. 나만의 M 체스 마스터 카드를 완성해서 '플레이콘'의 놀이터-어린이수학동아 게시판에 올리면 추첨을 통해 선물도 준대!

동시 공격 포크 전술

나만의 체스 전략을 만들어 보세요!

동시 공격 포크 전술

전략 1 흰색 룩이 e5로 움직이면 검은색 킹과 나이트를 동시에 공격하는 포크 전술을 쓸 수 있어요. 검은색 킹이 도망쳐도 흰색 룩은 검은색 나이트를 잡을 수 있지요. 나이트를 잡고 나면 검은색 킹에게는 폰만 남게 돼, 흰색 팀이 결국 이기게 돼요.

포크 활용하는 나이트

나만의 체스 전략을 만들어 보세요!

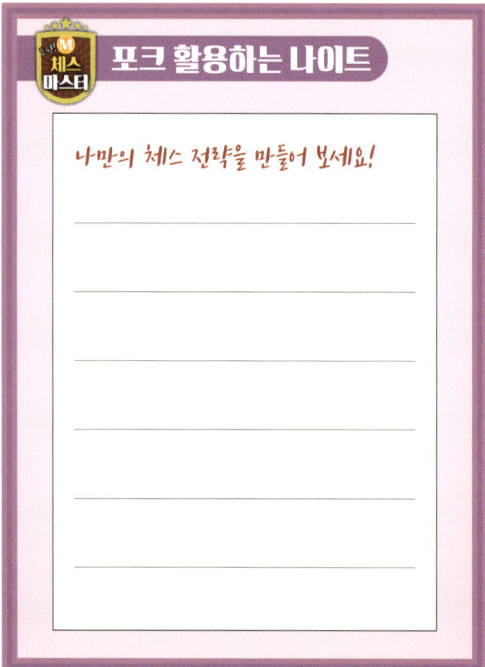

포크 활용하는 나이트

전략 2 기물의 가치 점수를 비교해보면 흰색 팀은 4점, 검은색 팀은 9점이에요. 검은색 팀이 유리한 상황이지요. 이때 흰색 나이트가 f7로 움직이면 검은색 퀸과 킹을 모두 공격하는 포크 전술을 쓰게 돼요. 검은색 킹이 공격을 피하더라도 퀸이 잡히기 때문에 게임의 흐름은 흰색 팀에 유리하게 바뀌지요.

수선실 선반을 채워라!

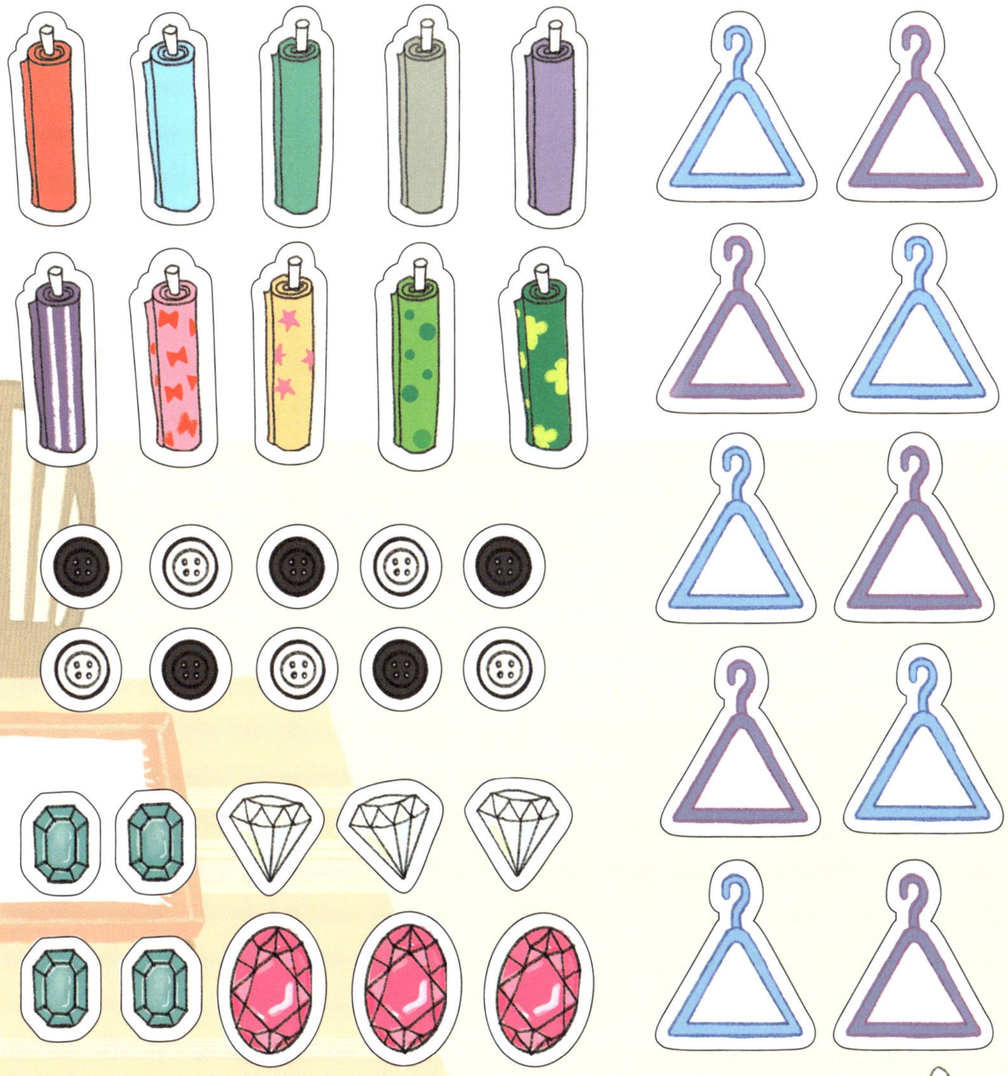

MEMO

환상의 짝꿍, 바로 우리야!

짝꿍 게임엔 숫자뿐만 아니라 여러 가지 짝꿍 단어가 필요해요. 아래 목록에서 골라 두 개가 한 쌍이 되는 짝꿍 카드를 만들어요. 빈칸엔 서로 짝꿍인 캐릭터나 단어를 생각해서 써 보세요.

짝꿍 단어 표

콩쥐	팥쥐	해님	달님	알라딘	자스민
견우	직녀	백설공주	일곱 난쟁이	마이보	온수
흥부		엘사			

동아사이언스

KC 마크는 이 제품이 공통 안전기준에 적합함을 의미합니다.
책 모서리에 찍히지 않도록 주의하세요.

www.popcornplanet.co.kr

어린이
수학동아

2023년 3월 1일 초판 1쇄 발행

지은이 어린이수학동아 편집부
펴낸이 장경애
본부장 고선아

편집 최은혜, 최송이, 박건희, 조현영
디자인 오진희, 김은지
마케팅 김수희, 이성우, 유유석, 홍은선, 전창현, 이고은

일러스트 동아사이언스, 강경진, 이지희, 남냠ok, 밤곰, 허경미, 김태형, 이민형
사진 게티이미지뱅크(GIB), 위키미디어(W)
인쇄 북토리

펴낸곳 동아사이언스
출판등록 제2013-000081호
주소 (04370) 서울특별시 용산구 청파로 109 7층
광고팀 (02)3148-0729
홈페이지 www.dongascience.com
　　　　　www.popcornplanet.co.kr

이 책에 실린 글의 저작권은 어린이수학동아 및 저자에게 있습니다.
무단전재와 무단복제를 금합니다.

ⓒ동아사이언스